多机协同空战建模与仿真

顾佼佼　孙 涛　王文恽　著

化学工业出版社
·北京·

内容简介

本书以空战中的军事问题为牵引，针对多机协同空战攻击决策，详细分析了空战的过程，建立了多机空气动力学和运动学的多目标优化模型，分别对超视距空战和视距内空战的情况进行了空战态势评估，为充分发挥多机对空作战效能提出了典型作战环境下多机协同空战攻击决策和空战机动决策。全书注重军事、技术与工程实践相结合，对从事空战仿真系统设计、研制、开发的技术人员，以及从事虚拟军事训练的教研人员有重要的参考价值，同时也可作高等院校相关专业研究生的教材和参考书。

图书在版编目（CIP）数据

多机协同空战建模与仿真/顾佼佼，孙涛，王文挥著.—北京：化学工业出版社，2021.4（2023.1重印）

ISBN 978-7-122-38537-6

Ⅰ.①多…　Ⅱ.①顾…②孙…③王…　Ⅲ.①空战-协同作战-系统建模②空战-协同作战-系统仿真　Ⅳ.①E824

中国版本图书馆CIP数据核字（2021）第031745号

责任编辑：陈景薇　刘　琳　　　　装帧设计：王晓宇

责任校对：王鹏飞

出版发行：化学工业出版社（北京市东城区青年湖南街13号　邮政编码100011）

印　　装：三河市延风印装有限公司

710mm×1000mm　1/16　印张9½　字数154千字　2023年1月北京第1版第2次印刷

购书咨询：010-64518888　　　　售后服务：010-64518899

网　　址：http：//www.cip.com.cn

凡购买本书，如有缺损质量问题，本社销售中心负责调换。

定　　价：84.00元

前言

当前的战争逐渐向智能化、无人化、高度信息化演变，这对空战动态决策能力提出了新的挑战。空战决策作为一个极其复杂的动态决策过程，其原则是规避敌机威胁并使敌机进入我方威胁区，是左右空战结果的关键问题之一。随着战机性能的提升，多机协同作战成为陆、海、空、天、电一体化战争的典型展现，高度信息化的协同作战是未来战争的主导。协同空战就是指两架或两架以上参与战斗的战机规模，多架战机间通过相互协作和配合，共同完成某项任务的作战方式。

为充分发挥多机对空作战效能，本书对多机协同空战攻击决策开展研究，主要包括空战过程及实体建模、空战态势评估研究、典型作战环境下多机协同空战攻击决策研究、空战机动决策，可为相关学者研究多机空战提供技术支持和有益启发。

本书第 1 章主要对多机协同空战的研究背景和现状进行综述。第 2 章主要介绍空战的实施过程及相关实体的建模，明确对空作战的基本过程，建立多机空气动力学和运动学模型，并结合后文的机动决策设计机动动作库，讲解典型挂载武器及其攻击区等内容。第 3 章主要介绍空战的态势评估。根据空战态势评估基本流程有针对性地分别就超视距空战、视距内空战两个空战过程，提出基于区间集对分析对超视距空战态势评估建模和基于攻击区和杀伤概率的视距内空战态势评估模型，对典型空空导弹的攻击区及单发杀伤概率进行仿真计算，分析角度、速度等态势因素对这两个武器系统效能指标的影响，为态势优势函数构造提供依据。第 4 章主要介绍典型作战环境下的多机协同空战攻击决策，结合协同空战过程中的指控需求，根据空战发展流程及作战环境需要，将协同空战攻击决策分为空战初期的集中式武器目标预分配和突发情况下的分布式重分配，并对空战后期的小编队分组作战进行了介绍。第 5 章的主要内容是视距内空战机动决策，探讨在全向攻击条件下机动决策研究的必要性，基于双矩阵博弈对空战机动决策建模可充分体现空战对抗性。

此著作经过多年酝酿和努力，笔者力图将该领域国内外最新的研究进展以及研究成果与心得体会奉献给同仁和读者，推动行业技术发展。由于笔者学术累积和能力所限，书中尚存在不足之处，恳请广大读者批评指正。

著者

目录
CONTENTS

第1章

绪论

本章主要介绍了多机协同空战的要素、空战过程、空战态势评估，协同空战及机动决策等相关内容的研究现状，为后续章节奠定基础。

1.1 研究背景及意义

空战是指交战双方航空兵在空中进行的战斗，包括空中截击和空中格斗，分为空中搜索、接敌、攻击和退出战斗等阶段。

空战决策是一个极其复杂的动态决策过程，其原则是规避敌机威胁并使敌机进入我方威胁区，是左右空战结果的关键问题之一。协同空战指两架或两架以上参与战斗的战机规模，多架战机间通过相互协作和配合，共同完成某项任务的作战方式。随着战机性能的提升，多机协同作战成为陆、海、空、天、电一体化战争的典型展现，高度信息化的协同作战是未来战争的主导。多机协同的信息化战争在科索沃战争、伊拉克战争中都显现出了必要性和重要性，对制空权的夺取和战争的胜负具有重要的意义。

本书介绍高动态复杂战场环境下多机编队空战的任务规划及协同攻击决策解决关键的理论和技术问题，主要介绍了对空作战态势评估、多机协同多目标攻击决策和视距内空战机动决策。全书突出以作战需求为牵引，以解决实际问题为导向，力求研究内容贴近空战实际[1,2]，提高多机编队的综合作战效能，为相关信息系统及航空装备建设提供理论支持，具有重要的理论意义和军事价值。

传统的多机空战，由于受战斗机（第一代、第二代）和机载武器系统性能的限制，作战距离一般在视距内，飞机之间几乎没有协作与合作，每架飞机的作战能力主要取决于自身和武器的性能。美国在越南战争中使用了雷达制导中程空空导弹，在超视距作战模式下对敌机发起了攻击，但由于战机相关性能和导弹技术的限制，当时超视距空战效果并不理想。20 世纪 80 年代以来，第三代和第四代战斗机相继服役，加之导弹技术、超音速巡航能力及机载探测设备探测距离的增大，导弹成为主要武器。随着装备性能的提升，多机协同空战模式在地面指挥中心或预警机的指挥下，能够发挥出更强大的作战能力。未来空战决策更侧重于基于导弹是否满足发射条件以及其命中概率作为决策优先考虑的因素[3,4]。

1.2 国内外研究现状及分析

空战战术的要素为信息、机动、火力。信息的基础是机载火控雷达的发现能力，机动的基础是飞机的飞行性能，火力的基础则是飞机的武器系统。

1.2.1 空战态势评估研究现状及分析

1.2.1.1 空战态势评估研究现状

态势评估（Situation Assessment，SA）主要是指对复杂战场环境的分析与表达。指挥系统接收作战任务后，收集各类目标信息、环境信息等，评估当前态势，推导出敌我双方兵力意图、告警、行动计划与结果等。威胁估计（Threat Assessment，TA）是指利用一定的方法根据战场敌我双方的态势推断敌方对我方的威胁程度。二者均是火力分配和战术决策的前提条件，是作战系统中不可缺少的功能，在指控系统中一般不进行区分[3,4]。

国外在态势评估技术方面的研究起步较早，而且取得了较多的成果，并在各领域尤其军内有成熟的应用。美国联合董事会实验室（Joint Directors of Laboratories，JDL）提出的数据融合模型中将威胁估计视为在态势评估基础上的进一步量化，定量估计敌方威胁的程度[5,6]。文献［7］提出了在线态势评估智能处理（OLIPSA）的概念原型，利用模糊逻辑、信度网络等对态势评估建模，并基于案例推理进行态势预测；文献［8］通过选取时间区间，将离散态势表达如方位、距离等转变成连续态势，即战机在时间片段内可连续而成的动作，是对空间态势感知的一个直观补充；文献［9，10］提出采用混合模糊-贝叶斯网络的方法对空战态势评估建模，并仿真验证了算法的有效性；文献［11，12］利用混合模糊-贝叶斯网络的方法设计空战态势评估智能处理专家系统 ISSAAC，是一个人在回路的系统，可辅助飞行员快速决策。

国内在态势评估方面的研究起步稍晚[13~16]，由于态势评估问题本身的复杂性和处理过程中主观因素的影响，现在提出了较多处理方法[17]。总的来说现有态势评估的方法可按照非参量法和参量法分为两大类。参量法如基于贝叶斯网络的方法[17~20]、基于证据理论的方法[21,22]等，这类方法需要知道目标的特征概率分布，基于贝叶斯网络的方法用的态势特征是各个态势发生的概率值，即用概率表示评估过程中态势特征信息的不确定性，依照特定决策法则即可完成态势估计；证据理论不需要先验概率和条件概率，而且对不确定性有更细致的表达。非参量法主要是利用速度、角度等具体体现空战态势的信息进行定量评估，不需要对模型作特征概率分布方面的假设，该方法简明实用，便于机载火控计算机实时运算[23]。非参量法进行态势评估主要方向是对态势因素的选取及构造方法进行基础研究[24~31]和模型构建方法研究，如有针对性确定权重系数的层次分析法[32,33]、TOPSIS方法[33,34]、主成分分析法[35]、变权理论[36]等，着重处理不完备战场信息的多属性决策[37,38]、模糊推理[39,40]、粗糙集[41]等，考虑决策者偏好的灰色关联法[42,43]、基于区间数的方法[44]，以及综合考虑多方面情况的支持向量机[45]、神经网络[46,47]、集对分析[48]、云模型[49]及多种方法的结合与改进[50~52]等。

1.2.1.2 空战态势评估研究现状分析

由于态势评估问题的复杂性和处理过程中主观因素的影响，态势评估本身具有不确定性和研究方法的多样性，本节对态势评估的研究现状进行了阐述，分析现有研究方法可得如下结论。

① 缺少系统化的不完备、不确定数据处理手段。

由于做出判断决策时所需要的信息未能及时完整获得，或者由于传感器技术水平和外界扰动等不确定因素，获取的目标态势信息不完备，目标类型、目标意图等存在不确定性。现有态势评估方法已经考虑到这点并提出了一系列处理方法：基于贝叶斯网络、神经网络、专家系统的评估方法均需要积累先验知识作支撑才能获得较好效果，工程实现和具体应用困难；层次分析法、基于灰色理论的方法、模糊综合评判等方法是将不确定性问题转化为确定性问题处理，没有充分利用不确定性信息，而且忽视了方法的对称一致性。

实用的评估方法应该是从态势评估问题本身出发，对信息的确定性和不确定性同时建模，并保证方法的对称性与一致性，在相对确定条件下对态势进行评估；而且应该易于实现，具备一定实时性。能否合理地处理不完备信息，直接关系着态势评估及威胁估计的效率以及准确率，进而影响着编队作战效能。

② 态势因素的选取尤其优势函数构造方法缺乏依据。

公开发表的文献在态势因素的选取上基本是一致的，但态势优势函数的构造则是基于研究者对空战的理解和主观判断而不尽相同，得到的结果也不同。态势优势函数的构造应能反映出不同态势对空空导弹攻击区、杀伤概率等武器系统作战效能的影响，即战机所处阵位的攻击区及所在占位发射导弹的杀伤概率在不同的态势下是不同的，可为定量构造空战态势评估函数提供参考依据。

③ 态势因素的权系数计算反映不出因素之间的复杂关系。

现有态势评估方法中态势因素的权重大小一般是根据算法求解主客观权重进行结合使用[32,33,37,46]，或直接根据专家打分、经验方式使用常系数权重，这些方法各有优点，但或者计算复杂度较高，或者适应能力有限，影响空战决策的连续性和实时性。而且随着空战态势的变化，这些因素的影响程度并不是一成不变的，它们的影响权重应产生变化，采用常数权重不能很好地反映因素间的复杂关系，空战中应该能够根据不断变化的态势调整态势因素的权重分配。

④ 重目标的离散信息而轻连续信息，预测性不足。

战场态势变化很快，依照某一时刻的瞬时信息进行态势评估至多只能反映战场当前态势，空战的决策需要考虑一段时间内的态势变化。如选取时间区间构造区间连续态势，可对态势发展进行预测，并避免因部分传感器失效或外界扰动等造成的瞬时误差。在紧张激烈的空战中飞行员只看到离散的态势是无法预测态势演化的，只有构造连续态势并依靠推理机制才可能进行空战态势预测。

1.2.2 协同空战攻击决策研究现状及分析

1.2.2.1 协同空战攻击决策研究现状

协同攻击是作战系统中的关键决策之一，根据我方作战编队对敌方编队的攻击方案，确定打击目标并分配给编队战机，能够使我方取得最优的攻击效能，攻击决策的具体表现就是武器-目标分配（Weapon-Target Assignment,

WTA）方案[53,54]。随着战机火控系统及武器和数据链性能的不断提高，协同作战能力不断加强；同时随着各类电子对抗和隐身技术投入战场，空战突发威胁也越来越多[54,55]。

公开发表的文献中关于协同作战目标分配的研究有很多，涌现出很多适应于不同作战环境的建模和求解算法。根据作战环境和作战目的构建协同空战决策模型，可抽象为具有约束条件的组合优化问题（NP-hard[56]），然后设计相应的求解算法。分配模型的构建与作战环境、载弹资源、作战目的等相关，现有模型可分为基于威胁的协同模型和基于损耗的协同模型两大类[54]。基于威胁的协同模型以双方几何态势、威胁评估构造模型，如文献［57～61］中描述的就是此类型的模型，基于距离、角度、速度等构建态势评估的决策模型并用智能算法等进行求解；基于损耗的协同模型主要是用于无人机的协同任务分配，考虑完成分配的损耗如距离代价等，如文献［62，63］以时间代价和风险代价构造分配模型，多用在无人机任务分配中。

在求解算法上国内外学者提出了很多观点，早期的算法都是集中式算法，由一个指控中心节点汇总全部信息，在集中分析与计算后做出统一规划，将决策发给战机执行。经过长期研究取得了大量的研究成果。求解算法大体上可分为基于整数线性规划的经典算法和仿生智能算法两种，经典算法有穷举法、匈牙利算法[64]、动态规划法[65]等；仿生智能算法主要有粒子群优化[66]、遗传算法[67]、模拟退火[68]、蚁群算法[69]，以及它们的混合算法[70～72]，还有如文献［73］提出的基于博弈论模型的协同空战决策方法，引入对策论对空战的对抗性进行描述。

随着网络化作战的不断推进及无人机（UAV）协同作战研究的深入，分布式结构算法逐渐成为研究热点。在分布式环境中，各节点共享信息，协同决策，能够根据当前态势灵活调整分配方案，实时性较高，可扩展性和鲁棒性强。国外最早提出利用协商、拍卖算法进行目标分配[74～76]；文献［77］提出基于多agent（智能体）分布协同拍卖的动态目标分配算法，各agent按预定顺序竞拍并重复多轮至满足结束条件，能够得到近似最优解；文献［78］提出基于MAS（Multi-Agent System，多智能体系统）的协同任务分配结构，系统中有飞机agent和管理agent两种类型，对协同任务分配过程进行了仿真验证；国防科技大学的沈林成、龙涛等学者先后提出多种改进合同网的协同任务分配与协调控制方法[63,79～81]，通过投标与招标完成任务分配，双向选择达成最后的任务协调，并设计了有限中央控制下的分布式体系结构。文献［82］提出基于群集智能理论的方法，构建智能体的协同多目标攻击模型；文献［83］提出一种基于组合拍卖的协同多目标攻击决策算法，改进并扩展了组合拍卖算法，是首个在分布式结构下进行的多对多目标分配研究，实现多架战机协同攻击多个目标；文献［84］提出基于概率群集的多战机协同空战决策算法，对战机在无中心控制条件下的协同空战决策进行研究；麻省理工学院 Jonathan P. How 教授提出一致性组合拍卖算法（Consensus-based Bundle Algorithm，CBBA）[85,86]利用组合拍卖及一致性算法求解分布式任务分配，并可求得无冲突的解。

集中式算法逻辑结构简单，对协同节点的计算能力和智能性要求不高，但需要高度可靠的通信链路将所有信息传送到指控中心，指控中心实时掌握节点信息，若指控中心受损则整个作战编队失去协同能力。当来袭目标数量较大时计算效率难以满足战场实时性要求，这种模型适用于作战环境基本确定，问题比较明确且环境变化速度较为缓慢的情况。分布式结构在解决动态、不确定问题上有优势，尤其网络中心作战体系中，各节点通过信息共享和协同决策达成一致，但对协同节点的信息交互和智能性有一定要求，适用于环境变化较快、节点多且动态变化的场景。分布式结构进一步可分为完全分布式结构和有限集中的分布式结构。有限集中的分布式结构综合了集中式结构和分布式结构的优点，能更好地发挥集中指挥与个体自主的互补优势及指控中心的主观能动性[87]。

在战场背景下，集中式与分布式是两种不同的指控体系，美军战略计划研究中心主任 David S. Alberts 指出[88]，为保证兵力的敏捷作战能力，信息时代的指挥方式须由集中式指挥向分布式过渡，尤其是网络中心作战体系，增加作战单元的自同步作战能力，加快作战节奏。Jeff Cares 指出[89]，分布式指挥建立了底层单元之间的通信，能够增强作战体系的柔性、敏捷性和抗毁能力。各作战单元能够根据当前局部态势，通过互通作战信息实现协同决策，可在保证高实时性的同时调整任务分配方案，最终提高整体作战效能[90]。陈立新[91]指出集中式指挥方式能够进行全局规划，获得最佳的武器目标分配结果，但整个体系作战反应时间长且通信不能中断。分布式指挥能够发挥作战单元的快速反应能力，尤其目标较多时，但武器目标分配结果不一定最优，建议根据实际情况，灵活采取指挥方式。

1.2.2.2 协同空战攻击决策研究现状分析

① 集中式与分布式指挥结构均是未来协同空战中需要的指控方式。

由上节指控结构分析可知，集中式与分布式指控结构分别适用于不同的作战时机：集中式的指控模型适用于交战前的任务规划阶段，利用指控中心的强大计算能力进行任务规划获取最优预案。同时多机编队需要具有突发条件下的武器目标重分配能力，尤其在指控中心失去作用的情况下应对任务规划时无法预料的突发情况，而且要有较高的实时性。未来空战的主要模式将是由无人机编队或有人/无人机混合编队协同完成作战任务，这也对作战编队提出了一定的决策能力要求。

② 基于集中式结构的决策模型决策结果单一，灵活度不高。

航空兵作战指挥系统在作战前制定多种作战行动预案，并进行任务推演模拟，评估比较后优选方案具体执行。目前的研究成果中决策模型主要是基于单目标优化，一次运行只能得到一个分配方案，达到在一个预设目标上的最优，在其他相关参考指标上则可能达不到最优，达不到综合考虑和制定多种作战预案的需求，如果所得结果与实际战场情况有较大不同，则会贻误战机，需要重新调整求解。

其次，现有 WTA 模型多是基于求毁伤概率越大越好或剩余威胁越小越好的最优准则，属于一次性完全分配，只考虑尽量提高杀伤效果，这不符合现代空战火力分配的实际情况。空战是一个多阶段的攻防过程，在进行武器目标分配的同时要考虑节省火力资源，在满足毁伤概率的前提下减少火力资源消耗，以备后续作战。

③ 分布式结构的决策模型及其验证环境没有充分发挥出智能体的自主性。

现有基于分布协同拍卖、合同网等协商策略的任务分配模型在执行过程中需提前指定 agent 的竞拍顺序，各智能体按照预先指定的拍卖顺序进行协商，且任何时刻只能有一个拍卖（招标）智能体。这对智能体的自主性产生压制，而且在复杂网络拓扑情况下会产生时延。再一个就是现有研究在进行仿真验证时均没有在自主智能体环境中进行，验证效果可信度不高。

1.2.3 空战机动决策研究现状及分析

1.2.3.1 空战机动决策研究现状

尽管战机已具备全向攻击能力，但仍需选择有利的攻击阵位。在近距空战机动中，仅靠飞行员自身在高动态和不确定的环境中很难做出正确的态势判断，由此提出了辅助飞行员机动决策的空战机动决策算法研究[92,93]。

国内外在机动决策研究上已取得一定成果，Isaacs 最早提出空战对策问题并使用微分对策理论进行研究[94]，最初的研究称为追逃对策（Pursuit-evasion game)[95]，是一类双边极值问题，追逃对策在一定程度上反映了空战的对抗本质，空战一方实施规避，另一方实施进攻，需要提前确定追逃角色，与实际空战不符且求解方法有较大局限性[96,97]。为充分体现对抗性，双目标对策（Two-target Game)[98] 被提出，根据双方的决策目标函数建模，使对方进入我方攻击区，并且避免进入对方攻击区，研究人员就该模型提出了多种求解方法[99,100]，但仍存在计算复杂性的问题[98,101]。Frank Neuman 提出基于矩阵博弈的双目标对策模型[102]，是一种离散化的机动决策模型，双方策略集只有攻击、规避两种决策，然后进一步采取机动动作；Fred Austin 等人扩展双方策略集为 7 种基本机动动作，改进矩阵机动决策模型[103]。矩阵对策的思想是在离散时刻点双方根据支付函数构造支付矩阵，根据对策论的思想求取纳什均衡解形成机动决策序列，这种方法在一定程度上具备实时决策能力，且更贴近空战实际。国内李建勋、佟明安等人提出协商微分对策研究多对多的空战机动决策[104]。Virtanen 等人提出基于影响图的机动决策模型[105]，影响图模型是一种贝叶斯网络扩展模型，利用概率和贝叶斯法则描述飞行员对态势的感知，以图的形式表达出决策过程并对决策者的偏好建模[105]。影响图模型是现在研究比较多的机动决策模型[106]，但需要积累先验知识作支撑才能获得较好效果，研究人员针对传统影响图的不足提出了一些改进[107~109]，国内对机动决策的研究主要是从影响图模型起步的[110~113]。

另一种研究机动决策的思路是基于人工智能的方法，主要有基于专家系统的方法[114~116]、基于神经网络方法[117,118]、基于遗传算法[119~121] 和基于人工免疫的方法[122,123] 等。基于专家系统的方法是从实际空战中抽取空战规则形成规则库，在后期应用时基于当时的态势信息，根据规则选取机动方案的决策方法。这种方法工程实现容易，实时性好，但规则库构造复杂，而且通用性差。基于神经网络的决策方法可以通过训练学习改进自身性能，鲁棒性好，但是模型对训练样本依赖性很大，网络结构和参数的设置没有确定性方法。基于遗传算法的决策方法受到算法编码与参数设置的限制，目前主要是基于经验和实验确定，随着研究的深入算法逐渐有所完善。基于人工免疫的决策方法模仿免疫系统功能，基于不同的空战态势，为应对敌机（抗原）威胁，生成机动动作（抗体）迎战，具备较好的自适应性，但存在改进目标函数和预测模型的问题。

新的机动决策求解方法仍不断被提出，MIT的James、McGrew基于动态规划和函数逼近的方法提出可实时决策的机动决策方法[124]；空军工程大学的张涛、于雷等结合滚动时域控制思想，基于人工势场和粒子群优化提出基于混合算法的机动决策方法[125]。机动决策的研究已取得较多成果，但随着第三代、第四代战机的不断升级，现代空战已发生本质变化，传统空战模型已不能反映现代空战实际，无法提供决策支持；完全符合现代空战需求的单机或编队空战机动决策方法尚需要进一步论证研究。

1.2.3.2 空战机动决策研究现状分析

上节对机动决策的研究现状进行了阐述，由分析可知现有机动决策方法有其不完备性。

① 基于矩阵对策的机动决策方法缺乏实用的求解方法。

基于矩阵对策的机动决策方法是一种离散化模型，能够考虑空战的对抗性，在离散的时间点上进行机动决策寻优。空战双方基于目标函数，每隔一定决策步长计算各机动策略的优势值并构造双支付矩阵进行求解。这种方法在一定程度上具备实时决策能力，但现有求解方法在机动动作集稍微复杂时计算实时性就受影响；而且矩阵对策的解具有非唯一性，有时存在多个解，现有应用中的方法只能求得一个解，这会影响空战环境不确定性和飞行员偏好的表示。

② 基于人工智能的机动决策方法稳定性偏低。

基于人工智能的机动决策方法中，基于专家系统的方法移植性低，不同的飞机需要构造不同的决策规则；基于遗传算法、神经网络、人工免疫算法等智能算法的决策模型均涉及模型参数的设置与验证问题，有不同程度的依赖性和主观性，可移植性不强。

第2章

空战过程及实体建模

空战是复杂的动态过程，敌我双方为夺取制空权而进行斗争，以击落、驱赶敌方飞机，取得空域制空权为目的。本章明确对空作战基本过程，并结合后文应用对实体进行建模，对后文用到的战机、导弹运动模型、攻击区仿真进行介绍，并研究机动动作库的设计。

2.1 对空作战过程描述

空战基本过程包括发现敌机、接近敌机、占位、发射武器攻击与返航等五个阶段。发现敌机是我方飞机通过机载雷达发现敌方飞机的过程；接近敌机是指我方飞机靠近敌方飞机的过程；占位指我方飞机通过机动，到达攻击敌方飞机最优位置的过程；发射武器攻击指通过机载雷达跟踪被攻击敌机，同时不断校正武器方向直至命中敌机的全过程；返航是指击落敌机后，我方飞机返回地面机场的过程。

现代空战大体可以分为超视距（Beyond Visual Range，BVR）空战和视距内（Within Visual Range，WVR）空战（也称为近距空战）。

超视距空战从两机相距 30～50km 开始，近距空战是在目视可见的条件下进行的，通常从两机相距 5～7km 开始。在超视距空战中，使用中远程导弹，在近距空战中，采用可离轴发射的导弹。但是由于不同的空战阶段中，多机编队的组成、机动飞行的特色、火控系统和使用武器各不相同，所以各阶段的空战特色也各不相同[126～128]。

一般先进入超视距空战阶段，可根据需求实施电子对抗；若满足近距空战条件，直接进入近距空战，空战过程状态转换用 UML 建模语言描述，如图 2-1 所示[129]。

2.1.1 超视距空战

超视距空战是指空战双方在飞行员目视范围之外，通过机载探测设备（或者指挥所信息引导下）搜索发现和截获敌方空中目标，并用导弹拦截射击的一种空战模式[130]。20 世纪 80 年代以来，第三代和第四代战斗机相继

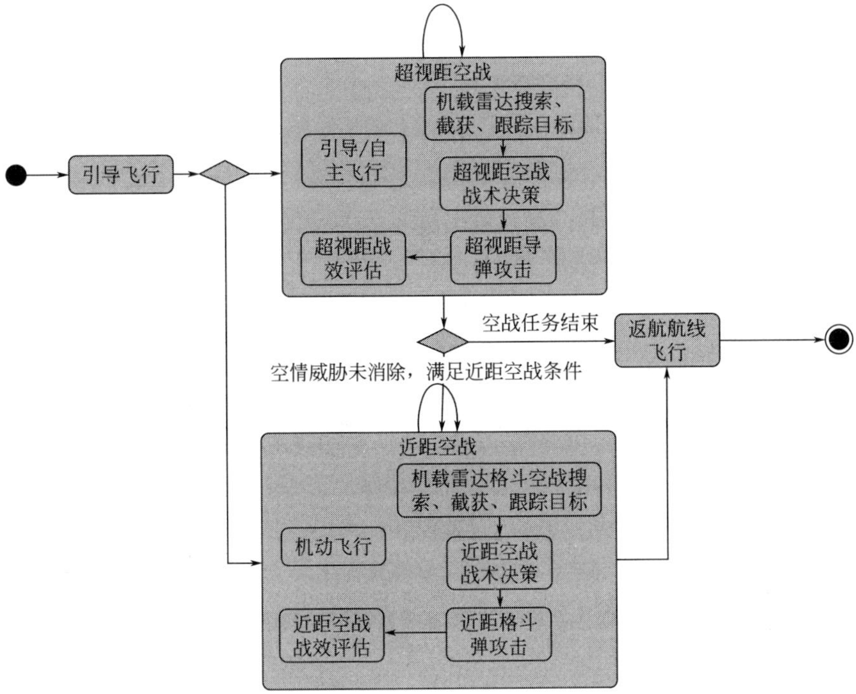

图 2-1　超视距空战与近距空战状态转换图[126]

服役，加之导弹技术、超音速巡航能力及机载探测设备探测距离的增大，未来超视距空战将是空战的最主要方式。

超视距空战的首要目标是先敌发现、先敌完成导弹的拦截。超视距空战呈现出的主要趋势包括攻击范围显著扩大、信息对抗依赖性逐渐增大、空战机动急剧程度逐渐减弱、机载武器系统性能要求越来越高[130]等。

① 超视距空战主要以前半球攻击为主要攻击方式。

② 攻击范围显著扩大。超视距空战可进行视距外攻击，并可采用大高度差从高位或地位进行攻击。攻击高度差的扩大，有利于攻击隐身目标。

③ 信息对抗依赖性逐渐增大。越早发现敌机，攻击成功的概率越大，随着信息技术的发展，超视距空战对信息的依赖性越来越大。

超视距空战的状态流程可以归纳为接近与搜索阶段、预备性机动阶段、发射导弹及制导阶段、规避敌方导弹攻击阶段等，具体过程可以描述为：进入作战空域后按指挥员引导指令飞行到预定高度，并不断向目标接近；当敌方目标已进入我方机载雷达探测范围之内时，按指令打开机载雷达按一定方法进行目标搜索与识别。发现目标后，满足截获条件即进入目标截获状态，要争取创造先敌攻击条件，这个过程一般采用相应的曲线跟踪飞行。然后进行超视距空战态势评估、威胁判断，进行目标分配，防止遗漏/重复攻击。机载火控设备进行相关火控解算，把相关数据装订给超视距空空导弹的同时解算导弹发射条件，进行超视距攻击。发射后战机根据作战条件机动飞行以规避敌方战机导弹的攻击，直至退出战斗或者进入近距空战。攻击完毕并脱离后，应迅速判断攻击效果，及时向指挥所报告攻击情况，并做好再次攻击准备。详见图 2-2。

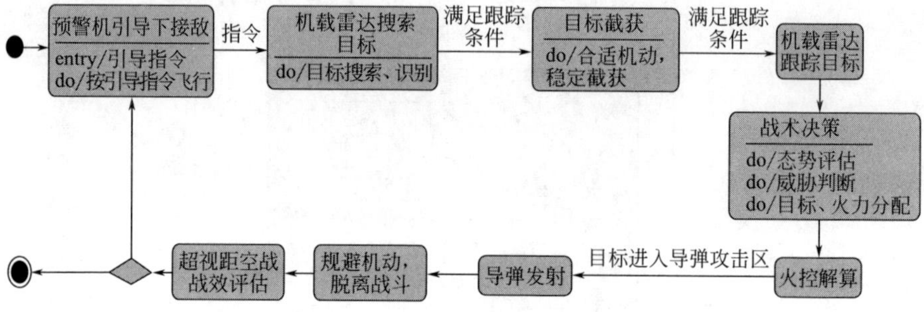

图 2-2　超视距空战状态流程

2.1.2 视距内空战

未来空战环境越来越复杂，电子战的有力杀伤和战斗机的隐身能力都将压制超视距空战的作用距离。若敌我双方战机各性能相当，最终还是会进入视距内空战。对于新一代战斗机而言，视距内空战和超视距空战能力一样重要。通常，发生视距内空战主要有两种情况：一是超视距攻击后，双方距离较近，进入视距内空战阶段；二是没有发生超视距空战，直接进入视距内空战。

接敌过程中通过机动飞行争取获得战术优势，并使用机载雷达或目视进行目标的搜索与识别。发现目标后，若目标满足截获条件即进入目标截获状态；若目标满足跟踪条件则进入稳定跟踪。进行近距空战态势评估、威胁判断以及目标、火力分配；机载火控设备进行火控解算，把相关数据装订给空空导弹的同时解算导弹发射条件。满足近距格斗空空导弹发射条件，进行近距攻击。导弹发射后，进行规避机动或者退出战斗；战机脱离后应迅速判断攻击效果，并做好再次攻击准备。

用 UML 描述空战过程状态转换如图 2-3 所示。

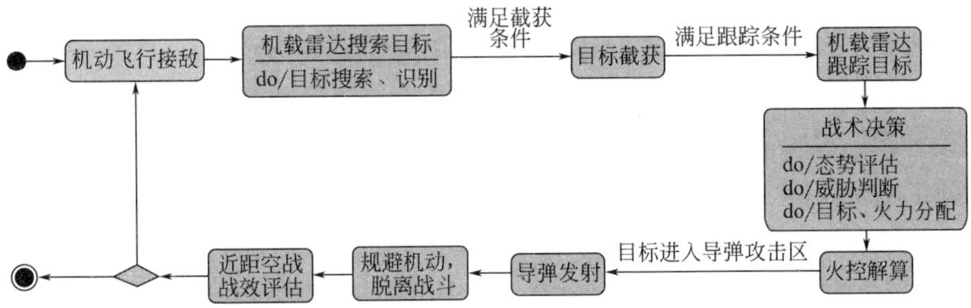

图 2-3　视距内空战状态图

2.2 实体运动模型

2.2.1　飞行器运动学和动力学模型

在空战仿真中通常采用质心运动方程描述飞行器的动态过程，尤其在取得飞机、控制系统的完整数据较为困难的情况下。此处将战机视为质点并假设战机质量 m 不变；考虑高度变化带来的重力加速度 g、马赫数 Ma 的变化，并采用标准大气数据计算变化程度，建立战机运动学和动力学模型[130,131]。

航迹坐标系 $Ox_k y_k z_k$（简称 S_k）如图 2-4(a) 所示。原点 O 取在飞机重心处；Ox_k 轴与飞机飞行速度矢量 **V** 重合；Oz_k 轴位于包含飞行速度矢量 **V** 的铅垂面内，与 Ox_k 轴垂直并指向下方；Oy_k 轴垂直于 $x_k Oz_k$ 平面，其指向由右手定则确定。对应于航迹坐标轴系的质点动力学方程如式(2-1) 所示，其中略去了侧滑角和侧力项。

$$
\begin{aligned}
\dot{V} &= g(n_x - \sin\theta) \\
\dot{\theta} &= \frac{g}{V}(n_f \cos\gamma_S - \cos\theta) \\
\dot{\Psi}_S &= -\frac{g}{V}\frac{1}{\cos\theta} n_f \sin\gamma_S
\end{aligned}
\tag{2-1}
$$

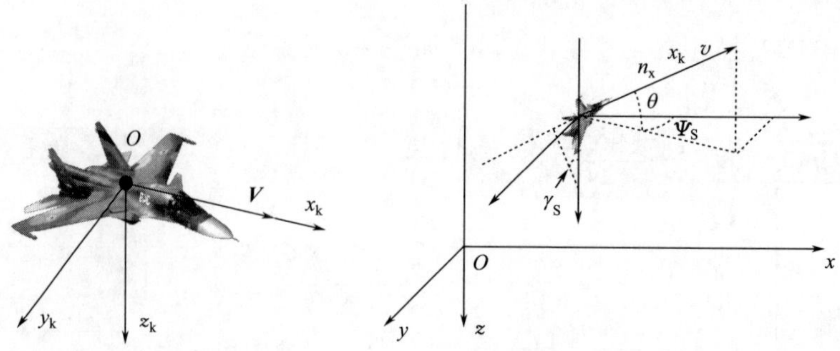

(a) 航迹坐标系中载机坐标表示　　(b) 地面坐标系中战机运动状态表示

图 2-4　飞机运动描述相关坐标系

建立相应的运动学方程组[132]，可将载机质心的速度矢量投影到地面坐标系，则其速度分量 V_x、V_y、V_z 和质心坐标 x、y、z 可由式(2-2)表示。

$$
\begin{aligned}
&V_x = V\cos\theta\cos\Psi_S \\
&V_y = V\sin\theta \\
&V_z = -V\cos\theta\sin\Psi_S \\
&\frac{dx}{dt} = V_x \\
&\frac{dy}{dt} = V_y \\
&\frac{dz}{dt} = V_z
\end{aligned} \tag{2-2}
$$

式(2-1) 和式(2-2) 中，V 为飞行器质心对地速度；x、y、z 为质心位置的地轴坐标；θ 是轨迹倾斜角；Ψ_S为轨迹偏转角（航向角）；γ_S为绕速度矢量的滚转（倾斜）角；n_x 为切向过载，沿飞行速度方向；n_f为法向过载，垂直于飞行速度矢量；g 为重力加速度。

此处取战机控制量 $\boldsymbol{u}=(n_x, n_f, \gamma_S)$，战机状态量 $\boldsymbol{x}=(x, y, z, V, \theta, \Psi_S)$。$n_x$、$n_f$取决于发动机的工作状态和飞行状态参数以及由飞行迎角确定的气动力系数；γ_S与要求的飞行姿态及飞机控制系统的设计有关。战机在飞行时高度、速度有一定的限制，需满足式(2-3) 约束。

$$
\begin{aligned}
&z \in [H_{\min}, H_{\max}] \\
&V \in [V_{\min}, V_{\max}]
\end{aligned} \tag{2-3}
$$

式中，$H_{\max}$、$H_{\min}$为飞机的飞行最大、最小高度；$V_{\max}$、$V_{\min}$是最大、最小速度。

2.2.2 相对运动模型

飞机相对运动关系是判断空战状态的重要依据，相对态势和机动占位优势均与飞机间空间几何关系相关。可构建我机 P_i 与敌机 T_j 相对位置关系，如图 2-5 所示，$\mathbf{V}_{P_i}$、$\mathbf{V}_{T_j}$ 是速度矢量。P_i 与 T_j 的相对运动状态量为 $\boldsymbol{c}_{\mathbf{n}}=(R,\varphi_{\mathrm{n}},q_{\mathrm{n}},\chi,v_{\mathrm{r}})$，$n=P_i$，$T_j$。

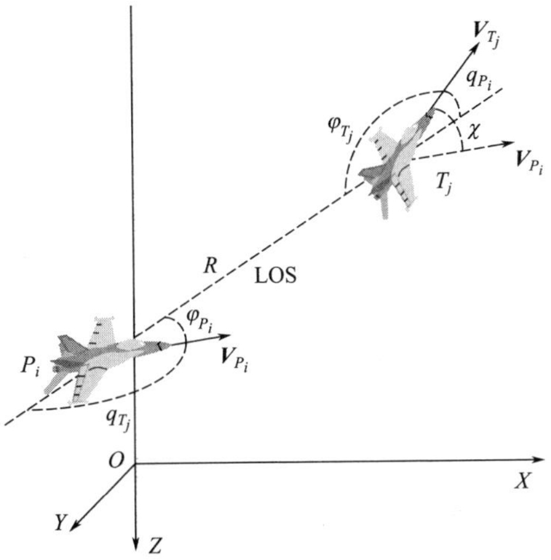

图 2-5 战机相对几何关系

LOS—Line of Sight，双方的质心连线视角

图中，R 是两机距离，求解如式(2-4) 所示；方位角 φ_{P_i} 为我机速度矢量 $\mathbf{V}_{P_i}$ 与视线 P_iT_j 的夹角，可通过式(2-5) 求解；目标进入角 q_{P_i} 为敌机速度矢量 $\mathbf{V}_{T_j}$ 与视线 P_iT_j 延长线夹角，可通过式(2-6) 求解；速度夹角 χ 是两机速度矢量 $\mathbf{V}_{P_i}$、$\mathbf{V}_{T_j}$ 夹角，可通过式(2-7) 求解；相对速度 v_{r} 是两机距离的变化率，可通过式(2-8) 求解。同理可以计算 $\boldsymbol{c}_{T_j}$。

$$R=\sqrt{(x_{P_i}-x_{T_j})^2+(y_{P_i}-y_{T_j})^2+(z_{P_i}-z_{T_j})^2} \tag{2-4}$$

$$\varphi_{P_i}=\arccos\frac{(x_{P_i}-x_{T_j})\cos\gamma_{P_i}\cos\Psi_{P_i}+(y_{P_i}-y_{T_j})\cos\gamma_{P_i}\sin\Psi_{P_i}+(z_{P_i}-z_{T_j})\sin\gamma_{P_i}}{R} \tag{2-5}$$

$$q_{P_i}=\arccos\frac{(x_{P_i}-x_{T_j})\cos\gamma_{T_j}\cos\Psi_{T_j}+(y_{P_i}-y_{T_j})\cos\gamma_{T_j}\sin\Psi_{T_j}+(z_{P_i}-z_{T_j})\sin\gamma_{T_j}}{R} \tag{2-6}$$

$$\chi=\arccos\begin{pmatrix}\cos\gamma_{P_i}\cos\Psi_{P_i}\cos\gamma_{T_j}\cos\Psi_{T_j}+\cos\gamma_{P_i}\sin\Psi_{P_i}\cos\gamma_{T_j}\sin\Psi_{T_j}\\+\sin\gamma_{P_i}\sin\gamma_{T_j}\end{pmatrix} \tag{2-7}$$

$$v_{\mathrm{r}}=\boldsymbol{V}_{P_i}\cos\varphi_{P_i}-\boldsymbol{V}_{T_j}\cos q_{P_i} \tag{2-8}$$

2.3 机动动作库设计

机动动作库指战机机动时可选用的机动动作（序列）集合，机动动作库的设计是空战机动决策的基础，可将战机机动过程视为基本机动动作的序列组合[128,133]。目前机动动作库的研究主要分为两种类型：一种是基于战术飞行动作的典型战术动作库；另一种是基于基本操纵动作的基本机动动作库。

典型战术动作库的设计应尽量包含各种行之有效的基本战术飞行动作，而且随着武器装备性能的提升，出现新的战术动作时要对动作库进行补充。文献［134］将典型战术动作归结为16种，并指出随着技术的进步会出现新的战术动作；文献［135］进一步将战术动作库扩充为25种；文献［136］将发动机推力也加入动作中，减少控制量，提出22种战术动作的动作库；文献［137］结合空战战术思想，提出了15种战术机动动作的动作库。典型战术动作库的设计要熟悉每个动作的轨迹和战术功能，要考虑到战机本身的限制条件，如可用过载、可用推力，设置相应的控制量。重要的问题是机动动作的退出和转换难以把握，大部分战术动作需要执行若干步长才能完成，而空战环境剧烈变化，敌机在获得我机机动信息后会采取制动对策，这都会使原机动动作失去优势；若在每个步长进行机动决策，会导致计算量增大和一些战术动作刚开始进行就要退出的情况。

目前机动决策的研究中，基本机动动作库常用的是美国NASA提出的7种基本机动动作：最大加速、最大减速、最大过载爬升、最大过载俯冲、最大过载左转、最大过载右转、稳定飞行。基本机动动作库的动作种类比典型战术动作库要少。基本机动动作库运行速度快，可以在每一步长都进行机动决策，实现“一步一判”，但是 NASA 的基本机动动作能否组合出所有的战术动作有待验证。

仿真对比可知，典型战术动作库和基本机动动作库的使用效果基本一致，但典型战术动作库的设计难度、动作数量级和使用复杂度都要高于基本机动动作库，机动动作库依照基本机动动作进行设计较好，结合优化决策理论选择机动动作，如文中提出的博弈论双矩阵对策，可求得优化机动决策轨迹。

文中采取参考文献［138］提到的动作库思路，将 NASA 的机动动作库增加战机左右爬升、左右俯冲 4 种动作，扩展为 11 种机动动作，如图 2-6 所示，使机动动作库能够产生更多基本机动动作。11 种机动动作的控制量设置如表 2-1 所示，可直接结合 2.2.1 中战机运动模型应用，其机动动作仿真结果如图 2-7 所示。

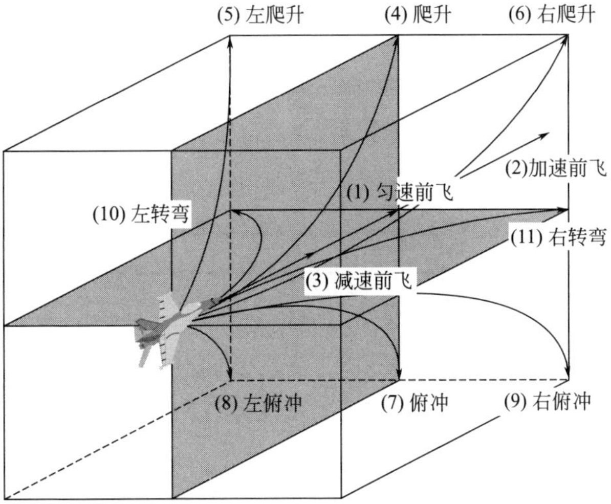

图 2-6　扩展后的 11 种基本机动动作

表 2-1　11 种基本机动动作操纵指令

序号	操纵指令	n_x	n_z	ϕ
1	匀速前飞	0	1	0
2	加速前飞	$n_{x\max}$	1	0
3	减速前飞	$-n_{x\max}$	1	0
4	爬升	0	$n_{z\max}$	0

续表

序号	操纵指令	n_x	n_z	ϕ
5	左爬升	0	$n_{z\max}$	$\frac{\pi}{4}$
6	右爬升	0	$n_{z\max}$	$-\frac{\pi}{4}$
7	俯冲	0	$-n_{z\max}$	0
8	左俯冲	0	$-n_{z\max}$	$-\frac{\pi}{4}$
9	右俯冲	0	$-n_{z\max}$	$\frac{\pi}{4}$
10	左转弯	0	$n_{z\max}$	$\arccos\frac{1}{n_{z\max}}$
11	右转弯	0	$n_{z\max}$	$-\arccos\frac{1}{n_{z\max}}$

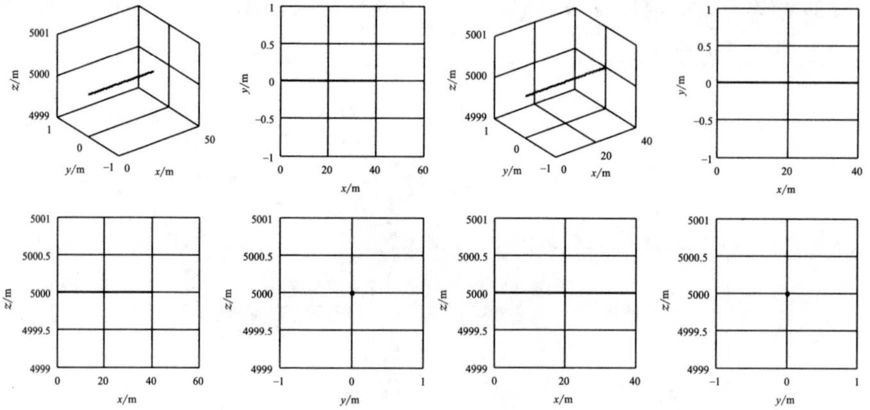

(a) 加速前飞 (b) 减速前飞

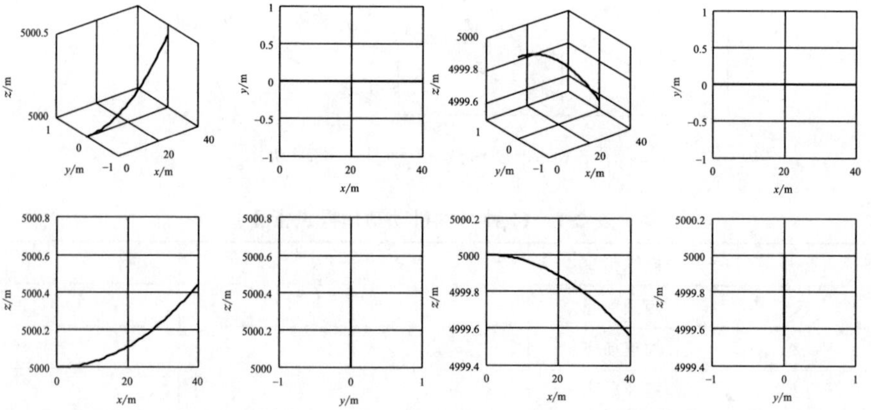

(c) 爬升 (d) 俯冲

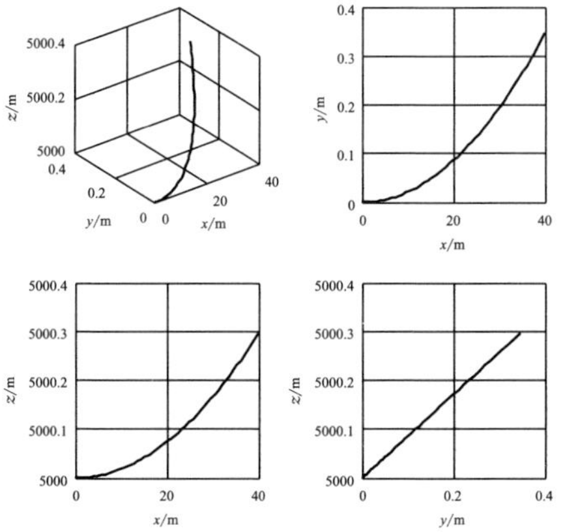

(e) 左爬升

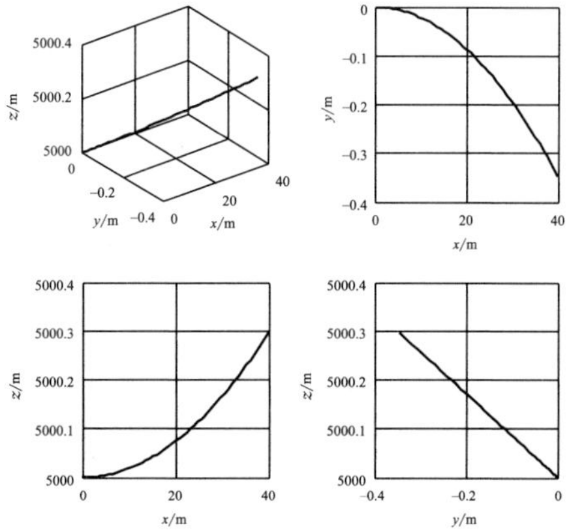

(f) 右爬升

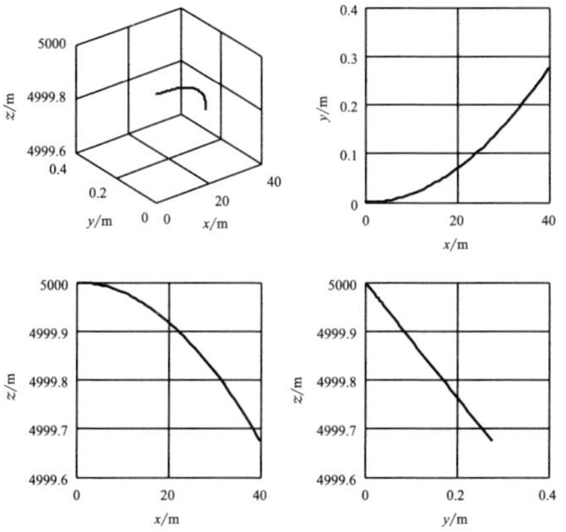

(g) 左俯冲

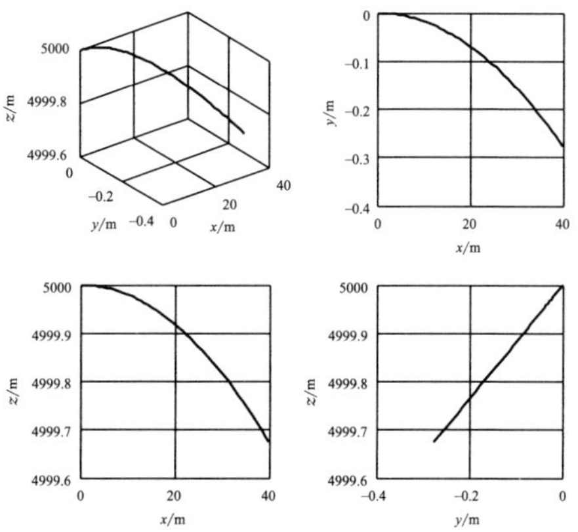

(h) 右俯冲

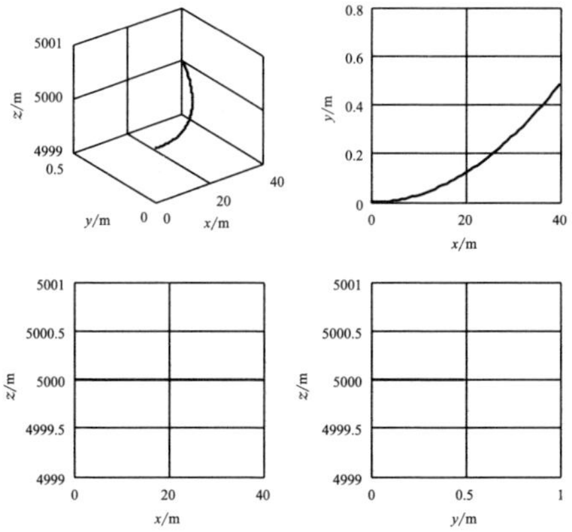

(i) 左转弯

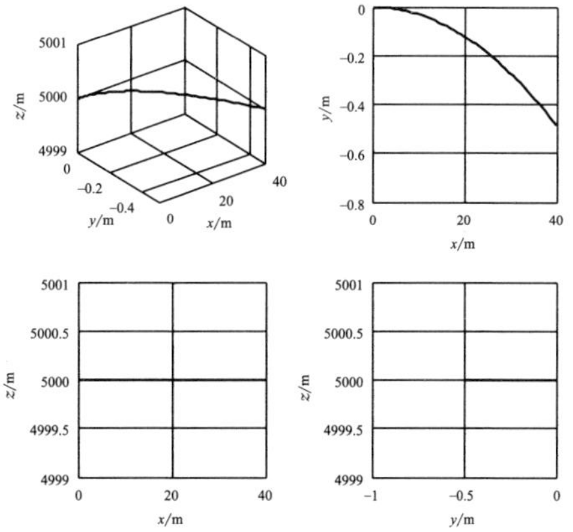

(j) 右转弯

图 2-7 基本机动动作仿真结果

在实际仿真中，为切合空战实际，对机动动作进行限制：作战高度接近低空阈值时不能进行俯冲类机动；高度接近升限时不能进行爬升类机动；速度接近最低速度阈值时不能采取减速机动；速度接近最大速度时不能再采用加速机动，限定阈值可根据实际条件确定。

2.4 武器系统相关模型

2.4.1 对空作战武器挂载情况

中远距空空导弹一般是主动雷达型复合制导，用于超视距多目标攻击，导弹发射出后，仍需要载机雷达向导弹发送无线电修正指令，在导弹的主动导引头截获目标后才进入主动雷达末制导阶段。近距空空导弹一般是红外制导，用于空中近距格斗。

2.4.2 导弹运动建模

导弹质心的运动描述同样使用运动学方程和动力学方程[139]，导弹运动学方程在地面坐标系中描述如式(2-9) 所示，惯性坐标系中导弹的坐标为 x_{m}、y_{m}、z_{m}，v_{m}为导弹速度，θ_{m}是导弹的俯仰角，ϕ_{m}为偏转角。动力学方程如式(2-10) 所示。

$$\begin{cases}\dot{x}_{\mathrm{m}}=v_{\mathrm{m}}\cos\theta_{\mathrm{m}}\cos\phi_{\mathrm{m}}\\ \dot{y}_{\mathrm{m}}=v_{\mathrm{m}}\sin\theta_{\mathrm{m}}\\ \dot{z}_{\mathrm{m}}=-v_{\mathrm{m}}\cos\theta_{\mathrm{m}}\sin\phi_{\mathrm{m}}\end{cases} \tag{2-9}$$

$$\begin{cases}\dot{v}_{\mathrm{m}}=(P_{\mathrm{m}}-Q_{\mathrm{m}}-G_{\mathrm{m}}\sin\theta_{\mathrm{m}})g/G_{\mathrm{m}}\\ \dot{\theta}_{\mathrm{m}}=n_{\mathrm{my}}g/v_{\mathrm{m}}\\ \dot{\phi}_{\mathrm{m}}=-n_{\mathrm{mz}}g/(v_{\mathrm{m}}\cos\theta_{\mathrm{m}})\end{cases} \tag{2-10}$$

式中，n_{my}为导弹在俯仰方向的转弯控制过载；n_{mz}为导弹在偏航方向的转弯控制过载；P_{m}为导弹推力，按照发动机推力变化曲线拟合得出；Q_{m}

为空气阻力；G_m为导弹重量，其变化规律如式(2-11) 所示。

$$Q_m = \frac{1}{2}\rho v_m^2 S_m C_{xm}$$

$$G_m = \begin{cases} G_0 - G_{sec} t & t \leqslant t_0 \\ G_0 - G_{sec} t_0 & t > t_0 \end{cases} \tag{2-11}$$

式中，G_0 为初始重量；G_{sec}为发动机每秒消耗的燃料量；t_0为发动机工作时间；ρ 为空气密度，随飞行高度不同产生变化；S_m为特征面积；C_{xm}为阻力系数。

2.4.3 空空导弹攻击区仿真

近距空空导弹发射时主要考虑攻击区的限制，攻击区（Weapon Engagement Zone，WEZ）是指在一定的空战态势（敌我速度、机动性、高度等）下，由导弹性能决定的有可能命中目标的空间区域。在攻击区发射导弹才可能命中目标，攻击区之外发射导弹是无法命中目标的。红外寻的空空导弹的攻击区还有在红外导引头锁定区的限制[140,141]，当然随着导引头技术的进步，锁定区已不再是攻击区计算的限制条件。针对视距内空战态势评估、机动决策等应用，进行攻击区的仿真计算，目前解算方法已比较成熟，但应用相对简单，在态势评估、机动决策等过程中考虑不充分，具体计算方法可参见文献［139，142］。基于黄金分割法进行攻击区解算，黄金分割法搜索导弹攻击远边界的算法流程如图 2-8 所示，其中 Rg 为迭代中计算的黄金分割点，［a_i，b_i］为每一步迭代的攻击区搜索范围，ε 是搜索区间精度阈值。典型作战条件下的攻击区如图 2-9 所示，文中仿真是尽可能贴近作战实际，考虑高度变化带来的重力加速度 g、马赫数 Ma 的变化，并采用标准大气数据计算变化程度，考虑发动机推力变化及舵机延时等。

目前空空导弹已能够实现全向攻击，但由于导弹的上视和下视能力及载机使用导弹攻击方式的限制，通常使用水平面内攻击区作为发射导弹的依据。文中计算攻击区是为了分析角度、速度、高度、距离态势因素对攻击区的影响，比较分析不同态势条件下攻击区的变化，具体关系在 3.3.4 节阐述。

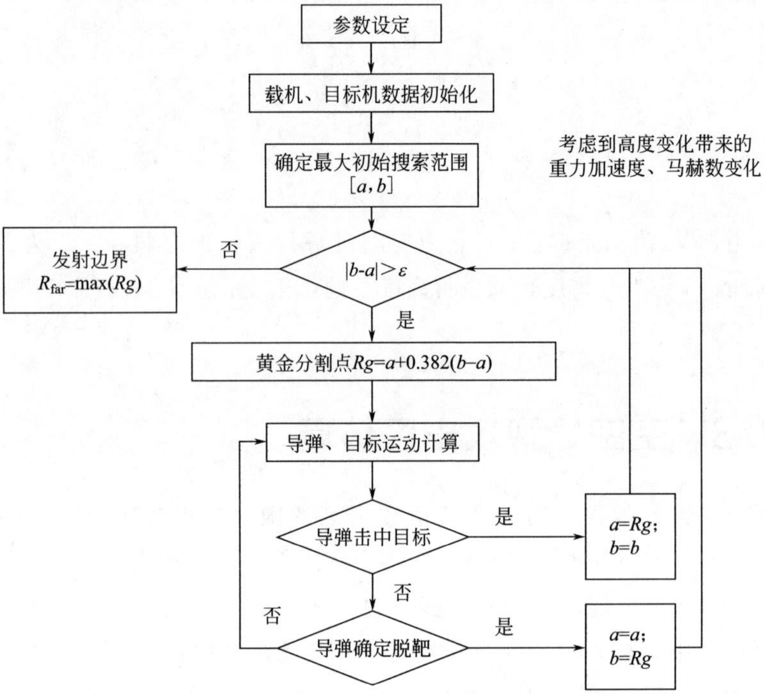

图 2-8 基于黄金分割法搜索导弹攻击区远边界

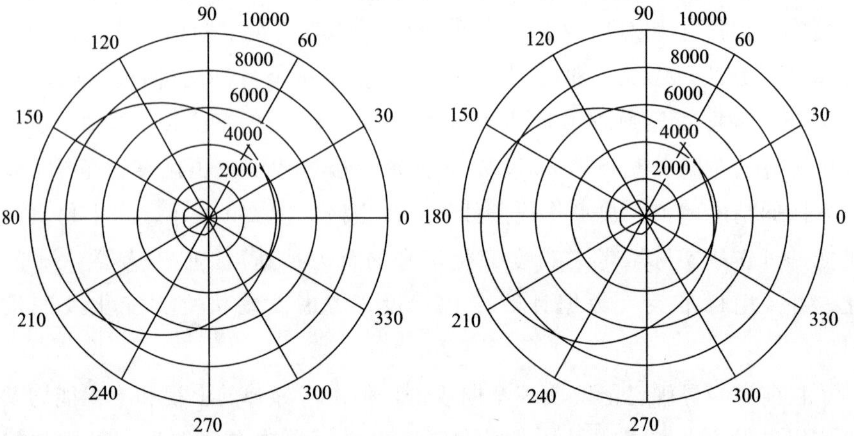

图 2-9 近距空空导弹典型条件下攻击区仿真

第3章

空战态势评估研究

多平台的警戒探测手段构成覆盖远中近、高中低、立体全方位的感知体系；作战系统对目标信息进行综合识别处理，形成统一战场态势。通过对复杂战场环境的分析，评估敌我双方的态势，辅助决策人员理解空战态势的处理过程可称为态势评估，其基本过程可用图 3-1 描述[143]。态势评估是指挥员作战决策过程中重要的环节，是进行多目标攻击的基础。本章针对现有评估方法的不足。分别就超视距、视距内空战两个空战过程，介绍了基于区间集对分析方法对超视距空战态势评估模型建模过程，系统化对区间数表示的不完备态势信息的确定性和不确定性建模，阐述了区间态势能够反映战机机动对态势的影响；并用 PSO 算法实时寻优方法构造态势因素的权重。在视距内空战态势评估中，对典型攻击区及单发杀伤概率进行了大量仿真，通过分析角度、速度等态势因素对武器系统效能的关键性指标的影响构造态势优势函数。经仿真验证表明所提新模型均是有效的，在一定程度上提高了态势评估的真实性与实时性。

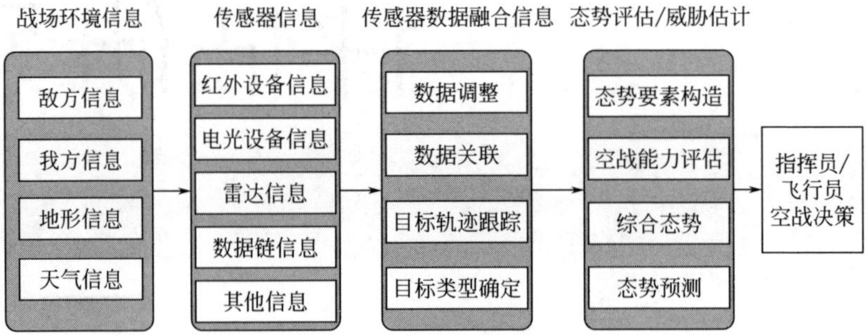

图 3-1　空战态势评估流程

3.1 空战态势评估流程

根据空战双方的相对几何态势和飞机作战能力判断相对优势及威胁程度，并在一定程度上预测空战态势变化，为我方的决策和指挥提供支持，以在协同的条件下分配我方编队战机攻击其最具优势的目标，这个过程称为态势评估。从技术实现角度主要有三个步骤：选取态势评估要素并构造其优势函数；飞机作战能力（空战能力）评估；空战态势的建模与评估。

3.1.1 选取态势评估要素并构造其优势函数

空战态势评估通常依靠两方面要素：一是描述敌我空间几何关系和运动状态的要素，如距离、目标方位角、相对速度等；二是空战能力要素，包括飞机的目标探测能力、机载武器系统作战能力、机动能力等。

在态势优势函数的确立上，现有态势评估模型多是基于对相对距离、速度等要素的理解和研究人员对空战的主观判断提出优势函数，这需要对空战有深刻理解和准确的把握。由于研究者的理解不同，尽管评估模型的框架基本一致，但不同模型的评估结果却不同；而且现代空战环境越来越复杂，这种态势因素构造方法已不能反映空战实际情况。

态势优势函数的构造是比较重要的，目前在这方面缺乏定量判断的指标，可以参考不同战位几何态势对战机和导弹作战性能的影响为态势优势函数的构造提供思路。

3.1.2 飞机作战能力评估

飞机作战能力的评估已有较多研究成果，可分为计算评估法和专家评估法两大类，实际上两种方法并不是完全分开的，在计算评估法中一些无法解析求解的参数要用专家评估法给出，专家评估法中一些适合计算求解的参数则用计算评估法求解。计算评估法中按照计算特点和评估方式又有细分，具体可见图 3-2，目前使用较多的是参数计算法中的对数法[144～148]；专家评估

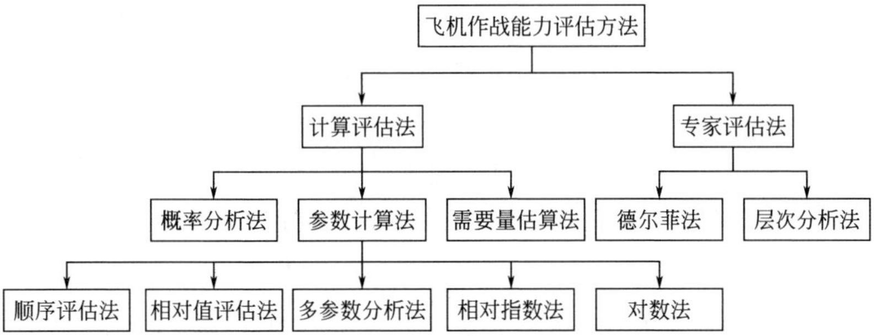

图 3-2 飞机作战能力评估方法

法中层次分析法也有一定的应用[149]。

不同评估方法选取的参数不尽相同，对数法选用 7 个性能指标衡量飞机空战能力，如式(3-1) 所示；相关文献根据四代战机的特征和现代空战特点，结合层次分析法和模糊隶属度函数进行作战能力评估，并将空战能力分为超视距作战能力和视距内作战能力，其评价指标层次体系如图 3-3、图 3-4 所示。

$$C=[\ln B+\ln(\sum A_1+1)+\ln(\sum A_2)]\varepsilon_1\varepsilon_2\varepsilon_3\varepsilon_4 \tag{3-1}$$

式中，B 为机动性参数；A_1 为火力相关参数；A_2 为目标探测能力相关参数；ε_1、ε_2、ε_3、ε_4 分别为操纵效能系数、生存力系数、航程系数和电子对抗能力系数。

随着武器装备的发展，对数法逐渐体现出一些不足：首先对飞机某些分项能力评估过于简化，如仅用探测目标能力不能体现出数据链的作用；再就是没有体现出各参数对空战能力影响重要性的差异，即各参数的影响权重差异。针对这些不足，相关学者提出综合指数模型评估战机空战能力，将战机空战能力要素归纳为机动飞行性能、电子对抗能力等七种性能的加权，具体表示如下。

$$C=w_1(w_{\mathrm{F1}}E_{\mathrm{F}}^{S}+w_{\mathrm{F2}}E_{\mathrm{F}}^{M})E_{\mathrm{C}}+w_2E_{\mathrm{SA}}E_{\mathrm{W}}+w_3E_{\mathrm{V}}E_{\mathrm{ECM}} \tag{3-2}$$

式中，E_{F}^{S} 为稳定飞行性能；E_{F}^{M} 为机动飞行性能；E_{C} 为操纵性能；E_{SA} 为态势感知能力；E_{W} 为火力性能；E_{V} 为生存能力；E_{ECM} 为电子对抗能力；w_1、w_2、w_3、w_{F1}、w_{F2} 为相应权值。

因层次分析法要求专家对空战的准确把握程度较高，综合指数模型更符合现代空战实际。

3.1.3 空战态势的建模与评估

1.2.1 节对现有空战态势评估模型构建进行了综述，空战态势建模是态势评估的核心内容，综合态势结果既要能准确描述即时态势，也要具备一定的预测能力。指挥员或飞行员的决策需要考虑到未来一段步长内可能发生的态势变化，即态势预测，根据当前态势和战场上的其他因素预测未来态势，可以带来巨大的战术优势。

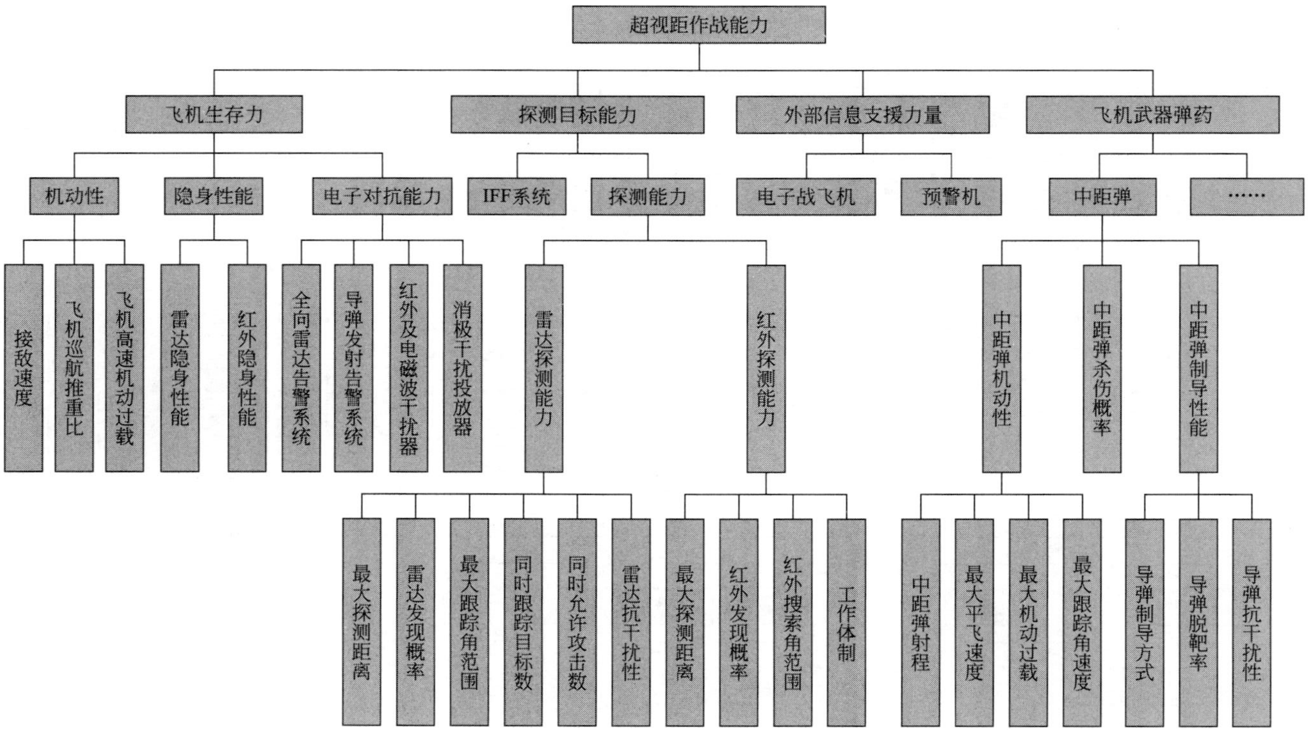

图 3-3　超视距作战能力结构体系

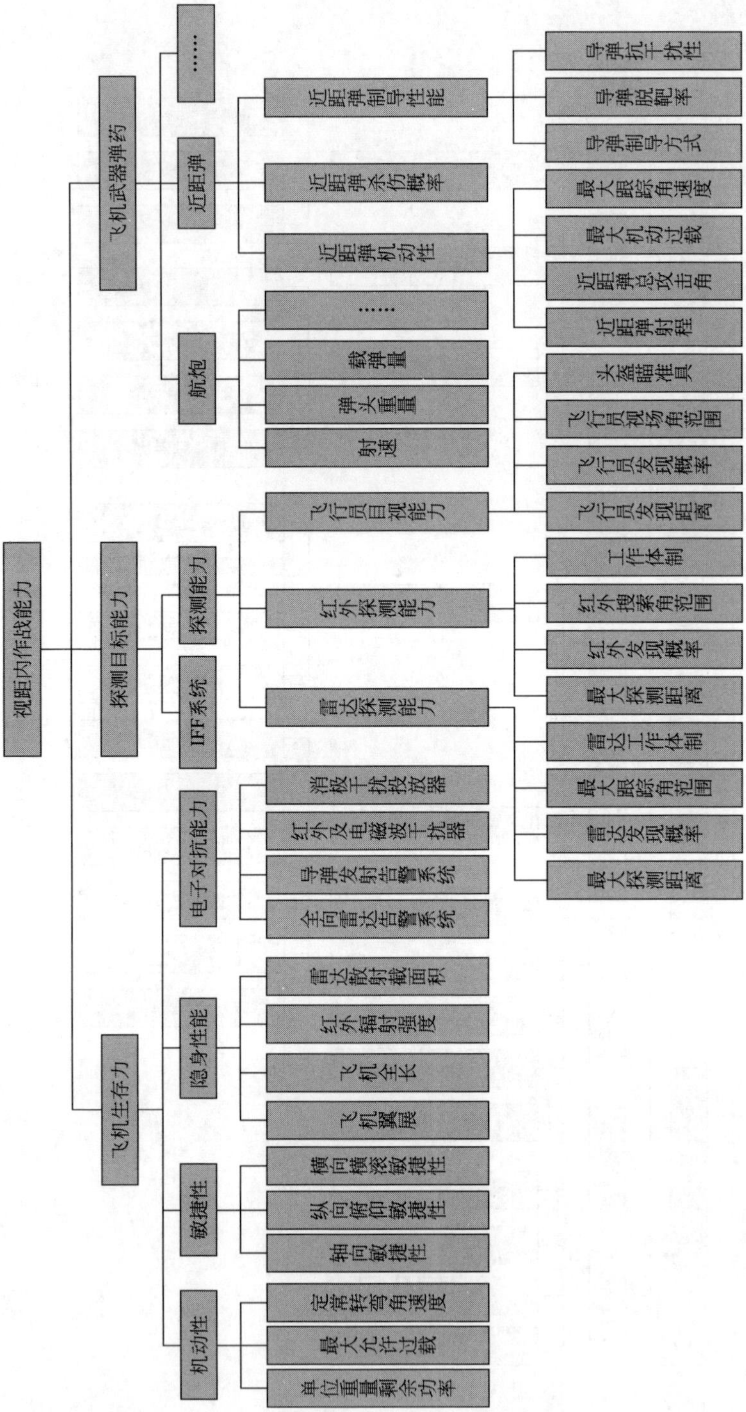

图 3-4　视距内作战能力结构体系

3.2 基于区间集对分析及 PSO 的超视距空战态势评估

3.2.1 问题描述

多机编队的信息来源包括机载传感器及战场数据链发送的统一态势，正确的态势及有效的评估方法是进行攻击决策的基础。

战机间相对几何关系可见 2.2.2 小节相对运动模型相关内容，针对 1.2.1.2 小节中介绍的现有态势评估方法的不足，提出基于区间集对分析（Set Pair Analysis，SPA）及粒子群优化（Particle Swarm Optimization，PSO）的超视距空战态势评估方法[150]。以战机运动模型为基础，选取在一定时间区间尤其敌我机动前后态势构成区间态势，用区间数表示时间连续态势；用集对分析理论系统化地对以区间数表示的不完备信息的确定性和不确定性建模，并用证据理论验证了集对分析方法处理区间数多属性决策问题的可行性；用粒子群优化构造态势因素权重，可根据态势变化实时调整权重分配；最后综合加权计算空战态势。区间态势是对不确定态势信息的一种表示，而且包含了战机机动的因素，具有一定预测性，PSO 实时求取的可变权重增加了态势评估的适应性。

3.2.2 态势评估优势函数定义

根据 3.1 节中介绍，构造几何态势为角度、速度、高度、距离态势的综合，分别构建态势优势函数，并用综合指数法计算战机的作战能力。

3.2.2.1 角度优势函数

参考相关学者的研究成果，考虑机载雷达系统性能，以及指挥引导信息优势对空战态势的影响，构造角度优势函数如式(3-3) 所示。

$$S_A=\begin{cases}\left(1-\dfrac{|\varphi|}{5\varphi_{\mathrm{Mkmax}}}\right)^{\frac{3}{4}}\left(e^{-\frac{90^\circ-|q|}{60^\circ}}\right)^{\frac{1}{4}} & 0^\circ\leqslant|\varphi|<\varphi_{\mathrm{Mkmax}},0^\circ\leqslant|q|<60^\circ\\ \left(1-\dfrac{|\varphi|}{5\varphi_{\mathrm{Mkmax}}}\right)^{\frac{3}{4}}\left(e^{-\frac{90^\circ-|q|}{60^\circ}}\right)^{\frac{1}{4}} & 0^\circ\leqslant|\varphi|<\varphi_{\mathrm{Mkmax}},0^\circ\leqslant|q|<60^\circ\\ \left[0.8-\dfrac{|\varphi|-\varphi_{\mathrm{Mkmax}}}{2(\varphi_{\mathrm{Mmax}}-\varphi_{\mathrm{Mkmax}})}\right]^{\frac{2}{3}}\left(e^{-\frac{90^\circ-|q|}{60^\circ}}\right)^{\frac{1}{3}} & \varphi_{\mathrm{Mkmax}}\leqslant|\varphi|<\varphi_{\mathrm{Mmax}},0^\circ\leqslant|q|<60^\circ\\ \left[0.8-\dfrac{|\varphi|-\varphi_{\mathrm{Mkmax}}}{2(\varphi_{\mathrm{Mmax}}-\varphi_{\mathrm{Mkmax}})}\right]^{\frac{2}{3}}\left(e^{\frac{|q|-180^\circ}{360^\circ}}\right)^{\frac{1}{3}} & \varphi_{\mathrm{Mkmax}}\leqslant|\varphi|<\varphi_{\mathrm{Mmax}},60^\circ\leqslant|q|\leqslant180^\circ\\ \left[0.3-\dfrac{|\varphi|-\varphi_{\mathrm{Mmax}}}{10(\varphi_{\mathrm{Rmax}}-\varphi_{\mathrm{Mmax}})}\right]^{\frac{1}{2}}\left(e^{-\frac{90^\circ-|q|}{60^\circ}}\right)^{\frac{1}{2}} & \varphi_{\mathrm{Mmax}}\leqslant|\varphi|<\varphi_{\mathrm{Rmax}},0^\circ\leqslant|q|<60^\circ\\ \left[0.3-\dfrac{|\varphi|-\varphi_{\mathrm{Mmax}}}{10(\varphi_{\mathrm{Rmax}}-\varphi_{\mathrm{Mmax}})}\right]^{\frac{1}{2}}\left(e^{\frac{|q|-180^\circ}{360^\circ}}\right)^{\frac{1}{2}} & \varphi_{\mathrm{Mmax}}\leqslant|\varphi|<\varphi_{\mathrm{Rmax}},60^\circ\leqslant|q|\leqslant180^\circ\\ \left[0.1-\dfrac{|\varphi|-\varphi_{\mathrm{Rmax}}}{10(180^\circ-\varphi_{\mathrm{Rmax}})}\right]^{\frac{2}{5}}\left(e^{-\frac{90^\circ-|q|}{60^\circ}}\right)^{\frac{3}{5}} & \varphi_{\mathrm{Rmax}}\leqslant|\varphi|\leqslant180^\circ,0^\circ\leqslant|q|<60^\circ\\ \left[0.1-\dfrac{|\varphi|-\varphi_{\mathrm{Rmax}}}{10(180^\circ-\varphi_{\mathrm{Rmax}})}\right]^{\frac{2}{5}}\left(e^{\frac{|q|-180^\circ}{360^\circ}}\right)^{\frac{3}{5}} & \varphi_{\mathrm{Rmax}}\leqslant|\varphi|\leqslant180^\circ,60^\circ\leqslant|q|\leqslant180^\circ\end{cases}\tag{3-3}$$

式中，φ 为方位角；q 为进入角；φ_{Rmax} 为雷达搜索区最大偏角；φ_{Mmax} 为导弹最大离轴发射角；φ_{Mkmax} 为不可逃逸区最大偏角。

3.2.2.2 速度优势函数

在空战中，具备速度优势的一方更有空战优势，但速度过快也会带来如转弯半径大等问题，综合考虑构造速度优势函数如式(3-4) 所示。

$$S_V=\begin{cases}e^{-\frac{V_P-V_P^{\mathrm{opt}}}{V_P^{\mathrm{opt}}}} & V_P^{\mathrm{opt}}\leqslant V_P\\ \dfrac{2}{5}\left(\dfrac{V_P}{V_P^{\mathrm{opt}}}+\dfrac{V_P}{V_T}\right) & 0.6V_T<V_P<V_P^{\mathrm{opt}}\\ 0.1 & V_P\leqslant 0.6V_T\end{cases}\tag{3-4}$$

式中，V_P为我机速度；V_T为敌机速度；V_P^{opt}为我机最佳空战速度。

3.2.2.3 高度优势函数

在超视距条件下，具备一定高度优势可获得更大的攻击区及较高的导弹杀伤概率，但飞行高度过高会影响载机机动性能和空空导弹的作战性能，如随高度增加空气阻力变小，导弹速度变大，导致制导精度降低，弹目交会角也会变化较快。由此构造优势函数如式(3-5) 所示。

$$S_{\mathrm{H}}=\begin{cases} e^{-\frac{H_{\mathrm{P}}-H_{\mathrm{P}}^{\mathrm{opt}}}{H_{\mathrm{P}}^{\mathrm{opt}}}} & H_{\mathrm{P}}^{\mathrm{opt}} \leqslant H_{\mathrm{P}} \\ e^{\frac{H_{\mathrm{P}}-H_{\mathrm{P}}^{\mathrm{opt}}}{H_{\mathrm{P}}}} & H_{\mathrm{P}} < H_{\mathrm{P}}^{\mathrm{opt}} \end{cases} \tag{3-5}$$

式中，H_{P}为我机高度；$H_{\mathrm{P}}^{\mathrm{opt}}$为我机最佳空战高度。

3.2.2.4 距离优势函数

参考相关文献，距离态势主要受机载雷达搜索发现距离和导弹攻击区的影响，体现在距离优势函数如式(3-6) 所示。

$$S_{\mathrm{R}}=\begin{cases} 0 & R \geqslant R_{\mathrm{Rmax}} \\ 0.5e^{-\frac{R-R_{\mathrm{Mmax}}}{R_{\mathrm{Rmax}}-R_{\mathrm{Mmax}}}} & R_{\mathrm{Mmax}} \leqslant R < R_{\mathrm{Rmax}} \\ 2^{-\frac{R-R_{\mathrm{Mkmax}}}{R_{\mathrm{Mmax}}-R_{\mathrm{Mkmax}}}} & R_{\mathrm{Mkmax}} \leqslant R < R_{\mathrm{Mmax}} \\ 1 & R_{\mathrm{Mkmin}} \leqslant R < R_{\mathrm{Mkmax}} \end{cases} \tag{3-6}$$

式中，R_{Rmax}为雷达对目标的最大探测距离；R_{Mmax}为导弹攻击区的远界；R_{Mkmax}、R_{Mkmin}为不可逃逸区最大、最小距离。

3.2.2.5 飞机作战能力

空战能力 C 采用综合指数法确定，这是一种相对成熟稳定的方法，具体计算方法见文献［144～147］，此处不展开叙述。

3.2.2.6 空战态势建模

基于以上分析，构造超视距空战态势评估模型为距离、角度、速度及高度优势的加权，并考虑飞机空战能力的影响，因距离优势与角度优势具有耦合性[30]，构造态势评估模型为

$$\begin{gathered} S=C(\beta_1 S_{\mathrm{A}}^{\alpha_1} S_{\mathrm{R}}^{\alpha_2}+\beta_2 S_{\mathrm{V}}+\beta_3 S_{\mathrm{H}}) \\ \sum_{i=1}^{2}\alpha_i=1,\sum_{i=1}^{3}\beta_i=1 \end{gathered} \tag{3-7}$$

式中，α_1、α_2分别为角度优势、距离优势的权重；β_1、β_2、β_3分别为角度与距离的耦合权重、速度权重及高度权重；C 为空战能力。

3.2.3 基于区间集对分析构造空战态势模型

3.2.3.1 区间数多属性决策

以区间数为研究对象的数学分析方法为区间分析理论，Moore 等数学家出版的 *Introduction to Interval Analysis* 等一系列专著[151~153]为区间分析的发展奠定了基础。区间分析理论是随机理论、模糊理论之后又一个处理不确定性的重要数学工具，能有效构造和表示不确定性信息，为不完备信息的表示提供了一种思路，已经成功应用在多个领域[154,155]。

定义 3.1 区间数[151]**：** $\mathbb{R}$ 为实数域，若 $\forall a^{\mathrm{L}}$，$a^{\mathrm{H}} \in \mathbb{R}$ 且 $a^{\mathrm{L}} < a^{\mathrm{H}}$，则称 $[a^{\mathrm{L}}, a^{\mathrm{H}}]$ 为闭区间数，确定实数 a 可认为是区间 $[a, a]$。

因文中应用不涉及区间数的四则运算，此处不介绍其运算法则。

定义 3.2 区间数多属性决策： 以 $\boldsymbol{S}=(s_1, s_2, \cdots, s_m)$ 表示方案的集合，$\boldsymbol{Q}=(q_1, q_2, \cdots, q_n)$ 表示属性的集合，对于属性取值为区间数的多属性决策问题，方案 s_i 的 q_j 属性值为区间数 $[s_{ij}^{-}, s_{ij}^{+}]$，$\boldsymbol{W}=(w_1, w_2, \cdots, w_j, \cdots, w_n)^{\mathrm{T}}$ 表示属性的区间指标权重向量，其中 $0 \leqslant w_r^{-} \leqslant w_r^{+} \leqslant 1$。由此构造区间数决策矩阵 $\boldsymbol{P}=(p_{ij})_{m \times n}$，$p_{ij}$ 表示方案 s_i 在属性 q_j 下的评价值 $[s_{ij}^{-}, s_{ij}^{+}]$。

面对复杂问题或者因为决策者认知受限，决策者往往不能给出确定决策信息（属性值和属性权重），或者得到的确定信息不可靠，只能给出信息的上下限，即具有区间数形式的决策矩阵和权重信息。这类用区间数表示属性权重和决策矩阵元素，找最优方案或对方案排序的多属性决策问题称为区间数多属性决策问题。

目前区间数多属性决策问题的主要研究内容是指标权重分配和区间数的比较排序两方面。在多属性决策问题中，属性权重的确定方法可分为客观赋权法、主观赋权法和主客观综合赋权法，这三种方法主要针对的是实数属性的决策问题。近些年在区间数属性权重计算方面也取得了一定的进展，但仍存在一定的局限性。文中采用的方法是将区间数转换成集对分析中的联系数表示然后计算权重，避开了区间属性值的权重计算问题。

区间数多属性决策的另一个重要问题就是区间数的比较和排序，一般两个区间数比较有三种关系：两个区间不相交、两个区间相交和两个区间相包含，如图 3-5 所示。国内外在两个区间数如何比较大小这个问题上进行了深入研究并取得了不少成果，如基于区间中点或区间宽度的方法，引入线性函数转化为实数的方法，构造全序、偏序、拟序关系的方法[156]，根据不同可能度定义建立区间数两两比较的模糊互补判断矩阵的方法[157]等。这些方法各有优缺点，总的来说就是尝试将区间数与实数相对应，在转化过程中肯定会丢失信息，比较关系太粗糙，有可能出现不合理的情况。

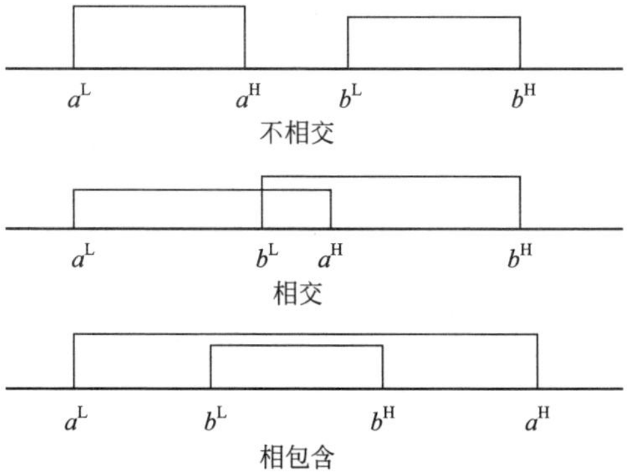

图 3-5　区间数的三种比较关系

3.2.3.2　集对分析及其处理区间数的可行性

集对分析（Set Pair Analysis，SPA）是由赵克勤提出的一种关于确定不确定系统同异反定量分析的系统分析方法[158～160]，基本思想是通过确定和不确定两个角度来研究不确定性的规律，不像模糊理论等不确定性理论把不确定性转化为确定性来研究，而是把事物之间不确定性联系与确定性联系作为一个确定-不确定系统来分析，从事物之间联系与转化的同一度、差异度和对立度方面作同异反定量描述。

① 集对中集合的关系。

有一定关系的两个集合称集对，集对的内容可以是各式各样的。在具体问题中，把两个集合的确定性联系分为“同一性联系”“对立性联系”，把两个集合的不确定性联系定义为“差异性联系”，简称“同异反”。同联系是指两个集合相同的特性，反联系是指两个集合相反的特性，异联系指两个集合之间既不是同一性，又不是对立性的联系，称为差异性联系，其表示如图 3-6 所示。

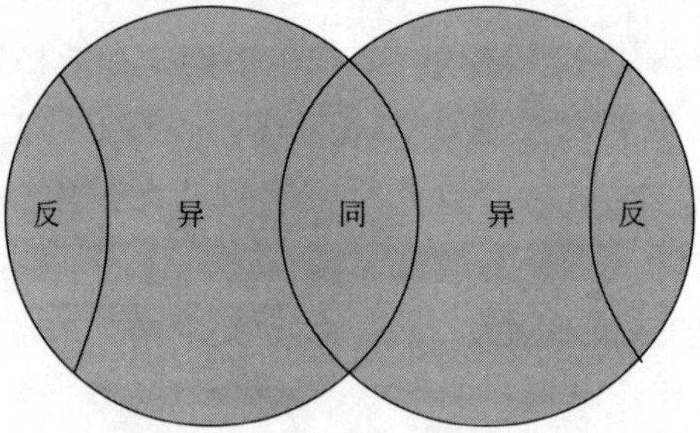

图 3-6　两个集合之间的联系

② 联系数。

联系数 μ 定量刻画集对 $\boldsymbol{A}$、$\boldsymbol{B}$ 在具体问题 $\boldsymbol{W}$ 下的联系（确定不确定关系），表示为

$$\mu(\boldsymbol{W})=a+bi+cj \tag{3-8}$$

式中，a、b、c 分别表示集对的同一度、差异度、对立度，$a+b+c=1$ 三者满足归一化条件；i 为差异度的系数，$i\in[-1,1]$，取值视不同情况而定；j 为对立度的系数，规定其值取 -1。式中 i、j 均有双重含义，鉴于文中态势评估并没有深入应用此方面的内容，这里不再阐述，具体内容可见文后文献。

联系数在具体问题背景下通过同一度、差异度、对立度对两个集合的联系进行相对确定和不确定的定量刻画，a、b、c 包含了两个集合联系的整体，这也是同异反满足归一化条件的原因。

③ 集对势及联系数排序。

联系数 $\mu(\boldsymbol{W})=a+bi+cj$ 中 a、b、c 分别反映了两个集合的同、异、反程度，在一定程度上反映了两个集合的联系趋势。当 $c\neq 0$ 时称式(3-9)为集对势。

$$\theta_{\mathrm{shi}}(\mu)=\frac{a}{c} \tag{3-9}$$

集对分析有一套完整的集对势分级分类及排序的理论[158]，研究人员也提出了一些改进方法[161~163]，在 3.2.5.1 评估指标节中详细介绍。

由此可知，集对分析理论为不确定性信息的处理提供了一种新思路。

3.2.3.3　证据理论验证集对分析处理区间数的可行性

证据理论与集对分析均是处理不确定性问题的方法[164~167]，证据理论把命题的不确定性转化为集合的不确定性，形成一套关于证据推理的数学方法，并得到广泛的应用[168～176]。

首先对证据理论中不确定性描述的几个概念进行简要介绍。对于某一具体问题的所有可能答案的完备集合 $\boldsymbol{\Theta}$，若集合中所有元素都是两两互斥的，任一时刻问题的答案只能取 $\boldsymbol{\Theta}$ 中的某一元素，称互不相容事件的完备集合 $\boldsymbol{\Theta}$ 为识别框架。

基本信任分配函数 m 是一个从集合 $2^{\boldsymbol{\Theta}}$ 到 $[0,1]$ 的映射，表示证据建立时信任程度的初始分配。对于识别框架 $\boldsymbol{\Theta}$ 的任一子集 $\mathbf{A}(\mathbf{A}\subseteq\boldsymbol{\Theta})$，$m(\mathbf{A})$ 表示证据对 $\mathbf{A}$ 的信任程度，且满足式(3-10)。

$$\begin{cases} m(\boldsymbol{\Theta})=0 \\ \sum\limits_{\mathbf{A}\subset\boldsymbol{\Theta}} m(\mathbf{A})=1 \end{cases} \tag{3-10}$$

信任函数 $Bel(\mathbf{A})$ 表示证据对 $\mathbf{A}$ 为真的信任程度，表示如式(3-11)。

$$Bel(\mathbf{A})=\sum_{\mathbf{B}\subseteq\mathbf{A}} m(\mathbf{B}) \tag{3-11}$$

$Bel(\mathbf{A})$ 不能反映怀疑 $\mathbf{A}$ 的程度，即相信 $\mathbf{A}$ 不为真的程度。似然函数 Pl 是表示怀疑命题 $\mathbf{A}$ 的程度的量，表达式如（3-12）所示。

$$Pl(\mathbf{A})=1-Bel(\overline{\mathbf{A}}) \tag{3-12}$$

式中，$Pl(\mathbf{A})$ 表示对 $\mathbf{A}$ 为非假的信任程度，即不怀疑 $\mathbf{A}$ 的程度；$Bel(\overline{\mathbf{A}})$ 是对 $\mathbf{A}$ 为假的信任程度，即对 $\mathbf{A}$ 的怀疑程度。

信任函数 $Bel(\mathbf{A})$ 与似然函数 $Pl(\mathbf{A})$ 的关系如下。

$$Pl(\mathbf{A})\geqslant Bel(\mathbf{A})$$

Proof：

$$\begin{aligned} Pl(\mathbf{A})-Bel(\mathbf{A}) &= 1-Bel(\overline{\mathbf{A}})-Bel(\mathbf{A}) \\ &= 1-\Big[\sum_{\mathbf{C}\subseteq\overline{\mathbf{A}}} m(\mathbf{C})+\sum_{\mathbf{B}\subseteq\mathbf{A}} m(\mathbf{B})\Big] \\ &\geqslant 1-\sum_{\mathbf{E}\subseteq\boldsymbol{\Theta}} m(\mathbf{E}) \\ &= 1-1 \\ &= 0 \end{aligned} \tag{3-13}$$

基于上面的分析，称 $Bel(\mathbf{A})$ 和 $Pl(\mathbf{A})$ 分别为对 **A** 信任度的下限和上限，记为 $[Pl(\mathbf{A}), Bel(\mathbf{A})]$，表示对 **A** 的不确定区间。$Pl(\mathbf{A})-Bel(\mathbf{A})$ 表示对 **A** 既信任又不信任的那部分，即对 **A** 的不确定的程度。图 3-7 以区间的形式主观地表示证据理论中信息的不确定性。

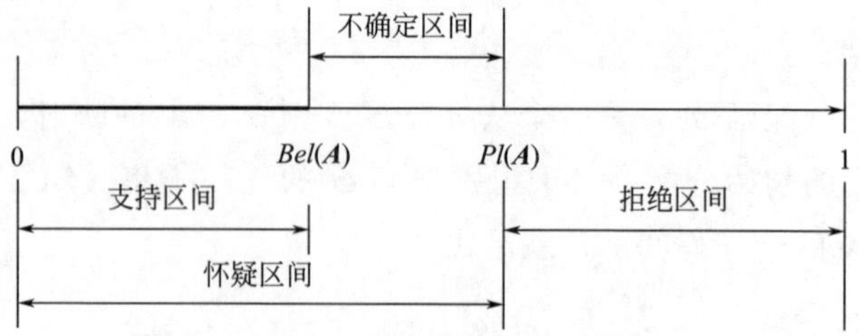

图 3-7　证据理论中信息不确定性表示

若以角度优势为例，构造时间段 $[t, t+\Delta t]$ 内的角度区间优势值 $Sa=[Sa^{L},Sa^{H}]\subseteq[0,1]$，区间 [0, 1] 分为三部分，如图 3-8 所示，其中 0 表示最小态势优势，1 为最大态势优势。这三部分含义如下。

$[0, Sa^{L})$ 区间的数值比 Sa 要小，即态势 Sa 比 $[0, Sa^{L}]$ 要有优势，区间可视为态势 Sa “确定有优势”的程度。

$[Sa^{L}, Sa^{H}]$ 区间的数值 Sa 在任一点上均可取，无法判断 Sa 是否比该区间值有优势，将这区间数值视为态势 Sa “不确定是否有优势”的程度。

$(Sa^{H}, 1]$ 区间的值比 Sa 要大，即 Sa 没有该区间上的值有优势，可将该区间数视为态势 Sa “确定没有优势”的程度。

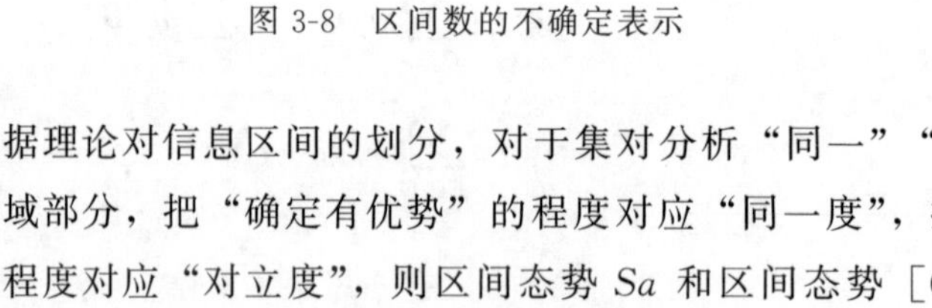

图 3-8　区间数的不确定表示

借鉴证据理论对信息区间的划分，对于集对分析“同一”“差异”“对立”三个论域部分，把“确定有优势”的程度对应“同一度”，把“确定没有优势”的程度对应“对立度”，则区间态势 Sa 和区间态势 [0, 1] 组成集对 $\mathbf{W}=(Sa,[0,1])$，其集对关系可用联系数表示为

$$\mu(Sa,[0,1])=a+bi+cj$$
$$a=\frac{Sa^{\mathrm{L}}-0}{1-0}=Sa^{\mathrm{L}}$$
$$b=\frac{Sa^{\mathrm{H}}-Sa^{\mathrm{L}}}{1-0}=Sa^{\mathrm{H}}-Sa^{\mathrm{L}} \tag{3-14}$$
$$c=\frac{1-Sa^{\mathrm{H}}}{1-0}=1-Sa^{\mathrm{H}}$$
$$i\in(0,1),j=-1$$

用集对分析方法处理区间数多属性决策已有较多研究[177~184]，此处不做过多阐述，将重点介绍从证据理论角度验证该应用的理论可行性。

3.2.3.4 态势评估建模

根据上节的分析，基于区间集对分析理论对态势评估建模为

$$\boldsymbol{SA}=(\boldsymbol{T},\boldsymbol{S},\boldsymbol{\omega},\boldsymbol{P},\boldsymbol{U})$$
$$\boldsymbol{T}=\{t_1,t_2,\cdots,t_m\}$$
$$\boldsymbol{S}=\{s_1,s_2,\cdots,s_n\}$$
$$\boldsymbol{\omega}=\{\omega_1,\omega_2,\cdots,\omega_n\} \quad \sum_{i=1}^{n}\omega_i=1,\omega_i>0 \tag{3-15}$$
$$\boldsymbol{P}=(p_{ij})_{m\times n}=([p_{ij}^{\mathrm{L}},p_{ij}^{\mathrm{H}}])_{m\times n}$$
$$\boldsymbol{U}=\{u_j\}=[u_j^{\mathrm{L}},u_j^{\mathrm{H}}]$$

式中，$\boldsymbol{T}$ 表示对本机待评估的 m 个敌目标；$\boldsymbol{S}$ 表示 n 个态势因素构成的集合，态势因素分为效益型因素 $\boldsymbol{S}_1$ 和成本型因素 $\boldsymbol{S}_2$，效益型因素指量化值越大则优势越大的因素，成本性因素指量化值越少则优势越大的因素；$\boldsymbol{\omega}$ 为态势因素权重向量；$\boldsymbol{P}$ 为区间态势优势决策矩阵，p_{ij} 为我机对敌目标 t_i 的 s_j 态势因素区间优势值，$p_{ij}=[p_{ij}^{\mathrm{L}},p_{ij}^{\mathrm{H}}]$；$\boldsymbol{U}$ 为各态势因素的优势区间，$u_j=[u_j^{\mathrm{L}},u_j^{\mathrm{H}}]$ 限定态势因素 j 的优势值能取到的最小值和最大值。

对于效益型态势因素 $s_j\in\boldsymbol{S}_1$ 及其区间态势优势 $p_{ij}=[p_{ij}^{\mathrm{L}},p_{ij}^{\mathrm{H}}]\subset u_j=[u_j^{\mathrm{L}},u_j^{\mathrm{H}}]$，根据上文的分析定义集对 $\{p_{ij},\ u_j\}$ 的同一度 a_{ij}、差异度 b_{ij}、对立度 c_{ij} 如式(3-16) 所示。同理可定义成本性态势因素的联系度如式(3-17) 所示。

$$a_{ij}=\frac{p_{ij}^{\mathrm{L}}-u_j^{\mathrm{L}}}{u_j^{\mathrm{H}}-u_j^{\mathrm{L}}};b_{ij}=\frac{p_{ij}^{\mathrm{H}}-p_{ij}^{\mathrm{L}}}{u_j^{\mathrm{H}}-u_j^{\mathrm{L}}};c_{ij}=\frac{u_j^{\mathrm{H}}-p_{ij}^{\mathrm{H}}}{u_j^{\mathrm{H}}-u_j^{\mathrm{L}}} \tag{3-16}$$
$$a_{ij}=\frac{u_j^{\mathrm{H}}-p_{ij}^{\mathrm{H}}}{u_j^{\mathrm{H}}-u_j^{\mathrm{L}}};b_{ij}=\frac{p_{ij}^{\mathrm{H}}-p_{ij}^{\mathrm{L}}}{u_j^{\mathrm{H}}-u_j^{\mathrm{L}}};c_{ij}=\frac{p_{ij}^{\mathrm{L}}-u_j^{\mathrm{L}}}{u_j^{\mathrm{H}}-u_j^{\mathrm{L}}} \tag{3-17}$$

式中，同一度 a_{ij} 表示敌目标 t_i 在态势 s_j 下趋向"确定有优势"的程度；对立度 c_{ij} 表示敌目标 t_i 在态势 s_j 下趋向"确定无优势"的程度；同一度、对立度、差异度满足归一化条件。效益型态势因素与成本型态势因素的联系度表达式(3-16)、式(3-17)的同一度和对立度相互对称，说明模型具备一致性和对立性；当态势优势值的区间值分别为边界时，差异度最大取到1，表示该态势因素的不确定性最大。

根据飞机质心运动学模型及雷达探测系统可得在时间段 $[t, t+\Delta t]$ 中各态势因素的变化，构造区间态势矩阵 $\boldsymbol{R}=(r_{ij})_{m\times n}$，其中 $r_{ij}=[r_{ij}^-, r_{ij}^+]$；用空战态势优势函数解算得区间态势优势矩阵 $\boldsymbol{P}=(p_{ij})_{m\times n}$，其中 $p_{ij}=[p_{ij}^-, p_{ij}^+]$。

模型中涉及的态势因素均是效益型因素，构造的态势优势函数的最大态势优势值为理想值1，最小态势优势为完全无优势0，即 $\boldsymbol{U}=[0,1]$。根据所建模型从同、异、反三个方面将各区间态势优势 $p_{ij}=[p_{ij}^-, p_{ij}^+]$ 转换为联系数 μ_{ij} 如式(3-18)所示。

$$\begin{aligned} &\mu_{ij}=a_{ij}+b_{ij}I+c_{ij}J \\ &a_{ij}=p_{ij}^-, b_{ij}=p_{ij}^+-p_{ij}^-, c_{ij}=1-p_{ij}^+ \\ &a_{ij}+b_{ij}+c_{ij}=1 \end{aligned} \tag{3-18}$$

式中，a_{ij}、b_{ij}、c_{ij} 分别表示目标 t_i 在态势因素 s_j 下的同一度、差异度、对立度；I 为差异度系数，$I\in[-1,1]$；J 为对立度系数，规定其值取 -1。

结合各态势因素的权重 $\boldsymbol{W}^*=(\alpha_1, \alpha_2, \beta_1, \beta_2, \beta_3)$，可得集对 $\{t_i, \boldsymbol{U}\}$ 的综合联系度为

$$\begin{aligned} &\mu_i=a_i+b_iI+c_iJ \\ &a_i=\beta_1(\alpha_1 a_{i,\mathrm{SA}}+\alpha_2 a_{i,\mathrm{SR}})+\beta_2 a_{i,\mathrm{SV}}+\beta_3 a_{i,\mathrm{SH}} \\ &b_i=\beta_1(\alpha_1 b_{i,\mathrm{SA}}+\alpha_2 b_{i,\mathrm{SR}})+\beta_2 b_{i,\mathrm{SV}}+\beta_3 b_{i,\mathrm{SH}} \\ &c_i=\beta_1(\alpha_1 c_{i,\mathrm{SA}}+\alpha_2 c_{i,\mathrm{SR}})+\beta_2 c_{i,\mathrm{SV}}+\beta_3 c_{i,\mathrm{SH}} \\ &a_i+b_i+c_i=1 \end{aligned} \tag{3-19}$$

式中，a_i 表示我机相对于目标 t_i 趋向"确定有优势"的程度；对立度 c_i 表示我机相对于目标 t_i 趋向"确定无优势"的程度；b_i 表示我机相对于目标 t_i"不确定是否有优势"的程度。

3.2.4 基于PSO的态势因素权重寻优

3.2.4.1 PSO算法

粒子群优化（Particle Swarm Optimization，PSO）是Eberhrt和Kennedy博士受自然界中鸟群运动的启发提出的一种仿生智能算法，基本思想是通过群体中个体之间的协作和信息共享来寻找最优解。PSO算法的优势是算法简单、收敛速度快，全局优化能力强，近年来被广泛关注和研究，应用于解决复杂优化问题[185,186]。

将每个个体看作是在 n 维搜索空间中以一定速度飞行的粒子，飞行速度由个体的飞行经验和群体的飞行经验动态调整。粒子 i 在迭代次数 t 时的位置表示为 $\boldsymbol{X}_i(t)=(x_1,x_2,\cdots,x_n)$，速度表示为 $\boldsymbol{V}_i(t)=(v_1,v_2,\cdots,v_n)$，$\mathbf{pbest}_i$ 是粒子 i 所经历过的具有最好适应值的位置，称为个体最好位置，即个体极值；群体中所有粒子经历过的最好位置为全局极值 **gbest**。则粒子 i 在时刻 t 的飞行速度和位置根据式(3-20)更新。

$$\boldsymbol{V}_i(t+1)=w\boldsymbol{V}_i(t)+c_1r_1[\mathbf{pbest}_i-\boldsymbol{X}_i(t)]+c_2r_2[\mathbf{gbest}-\boldsymbol{X}_i(t)]$$

$$\boldsymbol{V}_i(t)=\begin{cases} v_{\max} & \boldsymbol{V}_i(t)\geqslant v_{\max} \\ -v_{\max} & \boldsymbol{V}_i(t)\leqslant -v_{\max} \end{cases}$$

$$\boldsymbol{X}_i(t+1)=\boldsymbol{X}_i(t)+\boldsymbol{V}_i(t+1) \tag{3-20}$$

$$w(t)=w_{\max}-\frac{t(w_{\max}-w_{\min})}{t_{\max}} \tag{3-21}$$

式中，w 为惯性权重；c_1、c_2为加速因子；r_1、r_2是在[0，1]范围内的两个随机数；最大速度 $v_{\max}$用来限制粒子的速度，以改善搜索结果。

基本粒子群优化算法流程如下。

步骤1：初始化粒子，设置粒子初始位置和速度，每个粒子的局部最优解 **pbest** 设置为初始位置，**gbest** 为 **pbest** 中的最优值。

步骤2：评价粒子适应值，根据适应度函数计算目标值。

步骤3：更新每个粒子所经历的局部最好位置 **pbest**。

步骤4：更新全局最优的位置 **gbest**。

步骤5：根据公式(3-20)更新粒子的速度和位置。

步骤6：检查终止条件是否满足，满足则终止迭代，否则返回步骤2。

一般为提高搜索效率，采用线性递减权重改进惯性权重 w，搜索前期较大的惯性权重 w 有利于跳出局部极小点，便于全局搜索；搜索后期较小惯性权重则可进行精确局部搜索，便于算法收敛，采用线性递减权重可有效解决 PSO 容易早熟及后期容易在最优解周围产生振荡的问题。其对权重的更新如式(3-21) 所示，其中 $w_{\max}$、$w_{\min}$ 分别表示 w 的最大值和最小值，$t_{\max}$为最大迭代步数。

3.2.4.2 态势指标权重寻优目标函数

现有态势评估方法中态势因素的权重求解方法虽然各有优点，但要么计算复杂度较高，要么适应能力有限，影响空战决策的连续性和实时性；而且随着空战态势的变化，指标权重也应产生变化，采用常数权重不能很好地反映因素间的复杂关系，空战中应该根据不断变化的态势实时调整态势因素的权重分配。

此处用 PSO 进行态势因素权重快速寻优，由式(3-7) 可知模型中共有两处权值需评估：角度与距离之间的权重 α_1、α_2，角度与距离耦合之后与速度和高度之间的权重 β_1、β_2、β_3，采取加权最小二乘法构造寻优适应度函数如式(3-22) 所示。PSO 能快速寻到权重较优解，随空战态势变化实时调整，在归一化的条件下，寻到的较优值已经能够表达出态势因素的相对重要性，算法的实时性和自适应性较高[187~190]。

$$\boldsymbol{W}^*=(\alpha_1,\alpha_2,\beta_1,\beta_2,\beta_3)$$

$$\begin{aligned}
f(\alpha_1,\alpha_2)&=\arg\min_{\alpha_1+\alpha_2=1}\sum_{i=1}^{3}(\alpha_1 D_i-\alpha_2 E_i)^2\\
f(\beta_1,\beta_2,\beta_3)&=\arg\min_{\beta_1+\beta_2+\beta_3=1}\sum_{i=1}^{3}[(\beta_1 P_i-\beta_2 Q_i)^2+\\
&\quad(\beta_1 P_i-\beta_3 R_i)^2+(\beta_2 Q_i-\beta_3 R_i)^2]
\end{aligned}\tag{3-22}$$

式中，D、E 表示角度与距离态势的联系度；P、Q、R 表示角度与距离耦合态势、速度、高度态势的联系度。

3.2.5 算例及分析

3.2.5.1 评估指标

文中空战态势是由联系度 $\mu_i=a_i+b_iI+c_iJ$ 表示的，集对分析理论最常用的排序方法是势级排序，势值越大，态势优势越明显，集对势如式(3-23)所示。

$$\theta_{\text{shi}}(\mu)=\frac{a}{c} \tag{3-23}$$

另一应用较多的是相对贴近度法排序，定义为

$$\theta_{\text{close}}(\mu)=\frac{a}{a+c} \tag{3-24}$$

从排序的稳定性考虑，可用 μ 的相对确定可能势（Relatively Certainty Probability Trend，RCPT）作为评价准则，定义为

$$\theta_{\text{r}}(\mu)=\frac{2a}{b+c}-\frac{c}{a+b} \tag{3-25}$$

引入稳定系数（Stability Coefficient，SC）对相对确定可能势改进得相对稳定确定可能势（Relatively Stability Certainty Probability Trend，RSCPT）为

$$\theta_{\text{sr}}(\mu)=\left(\frac{2a}{b+c}-\frac{c}{a+b}\right)\Bigg/\left(1-\frac{b}{a+b+c}\right)=\frac{2a-ac-c}{(1-a)(1-c)(a+c)} \tag{3-26}$$

出于联系数排序的稳定性考虑，算法对势级、相对贴近度、RCPT、RSCPT 均进行了仿真验证。

3.2.5.2 仿真验证

初始作战想定为：我四机编队 A 在巡逻海域飞行，t_0时刻通报发现敌机 F-15 飞行编队 B，初始态势感知如图 3-9(a) 所示，具体如表 3-1 所示，发现敌机时双方均处于匀速飞行状态。我机最佳空战速度 $V_{\text{A}}^{\text{opt}}=320\text{m/s}$ 左

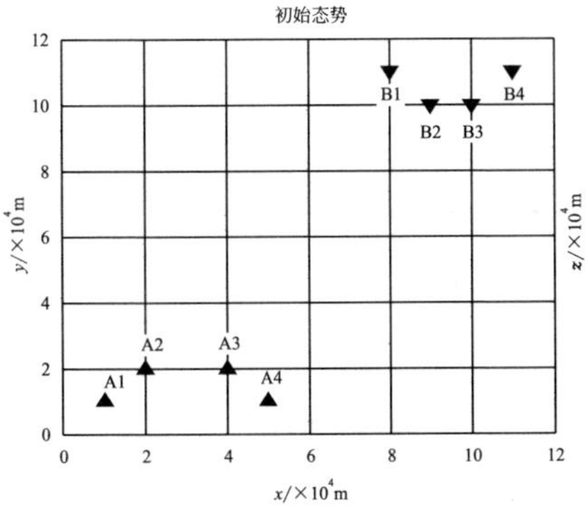

(a) 初始态势

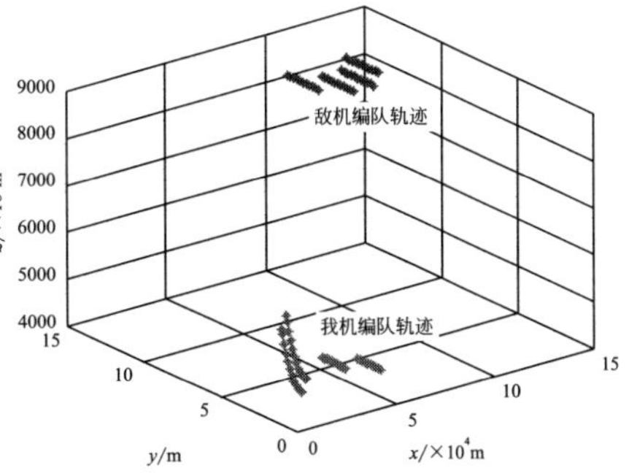
(b) 我机左上爬升运动轨迹图

图 3-9　初始态势及机动轨迹图

右，最佳空战高度 $H_{A}^{opt}=4400m$ 左右；敌机最佳空战速度 $V_{B}^{opt}=300m/s$，最佳空战高度 $H_{B}^{opt}=5000m$。仿真中编队内战机之间的距离比实际的要大，以便于横向对比编队内部每个战机的态势。

表 3-1 战场初始态势

战机	位置/km	高度/m	俯仰角/(°)	偏航角/(°)	速度/(m/s)
A1	(10,10)	4600	0	90	310
A2	(20,20)	4600	0	90	310
A3	(40,20)	4600	0	90	310
A4	(50,10)	4600	0	90	310
B1	(80,110)	9000	0	−90	360
B2	(90,100)	9000	0	−90	360
B3	(100,100)	9000	0	−90	360
B4	(110,110)	9000	0	−90	360

t_0时刻发现敌机后我方立即做出接敌动作，A1、A2 双机编队前出向敌机所在方向最大过载爬升，其间敌机不做机动。以 A1～B4 为例演示态势评估模型计算过程，具体流程如下。

步骤 1：选取时间间隔 Δt，根据 t_0 及 $t_0+\Delta t$ 时刻态势构造区间态势。如取 $\Delta t=5s$，我机向敌机方向机动爬升轨迹如图 3-9(b) 所示，提取 $[t_0,\ t_0+5]$ 时段敌我战机区间态势如表 3-2 所示。实际应用中可根据具体情况选择 Δt。仿真中战机利用前述章节中战机运动模型进行轨迹计算，采用 2.3 节机动动作库中相关机动动作进行机动。

表 3-2 $[t_0,\ t_0+5]$ 时段敌我战机区间态势

战机	角度态势/(°)		速度/(m/s)	高度/m	距离/m
	方位角	进入角			
A1	[45.02,53.06]	[134.97,134.30]	[310,289.8]	[4600,5217]	[141490,139000]
B4	[45.03,45.69]	[134.97,126.94]	[360,360]	[9000,9000]	[141490,139000]

步骤 2：根据态势优势函数，将 A1、B4 战机的区间态势转换为区间决策矩阵，如表 3-3 所示。

表 3-3 $[t_0,\ t_0+5]$ 时段敌我区间态势优势

战机	角度优势	速度优势	高度优势	距离优势
A1	[0.5144,0.4657]	[0.7319,0.6843]	[0.9556,0.8305]	[0.2181,0.2292]
B4	[0.5144,0.5049]	[0.8187,0.8187]	[0.4493,0.4493]	[0.2181,0.2292]

步骤 3：利用集对分析处理区间数矩阵，构造联系数态势决策矩阵如表3-4 所示。

表 3-4　[t_0，t_0+5] 时段敌我联系数态势决策矩阵

战机	联系数	角度优势	速度优势	高度优势	距离优势
A1	同一度	0.4657	0.6842	0.8305	0.2181
	差异度	0.0486	0.0477	0.1251	0.0111
	对立度	0.4856	0.2681	0.0444	0.7708
B4	同一度	0.5048	0.8187	0.4493	0.2181
	差异度	0.0095	0	0	0.0111
	对立度	0.4856	0.1813	0.5507	0.7708

步骤 4：利用 PSO 对指标权重进行寻优，设置种群规模为 10，迭代次数为 30，$c_1=c_2=1.4962$，$w=0.7298$，其中对角度及距离的权重进行寻优时 PSO 寻优曲线如图 3-10(a) 所示，寻得角度及距离的权重为 $\alpha_{P1}=0.5451$，$\alpha_{P2}=0.4549$，$\alpha_{T1}=0.5359$，$\alpha_{T2}=0.4640$；对角度与距离耦合优势、速度优势、高度优势的权重进行寻优时 PSO 寻优曲线如图 3-10（b）所示，寻得角度与距离耦合优势、速度优势、高度优势的权重分别为 $\beta_{P1}=0.3371$，$\beta_{P2}=0.3688$，$\beta_{P3}=0.2942$，$\beta_{T1}=0.3537$，$\beta_{T2}=0.2747$，$\beta_{T3}=0.3716$。

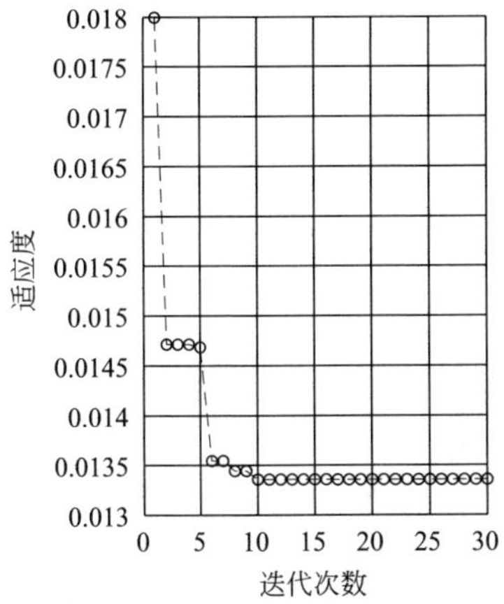

(a) 对权重α_{P1}与α_{P2}寻优

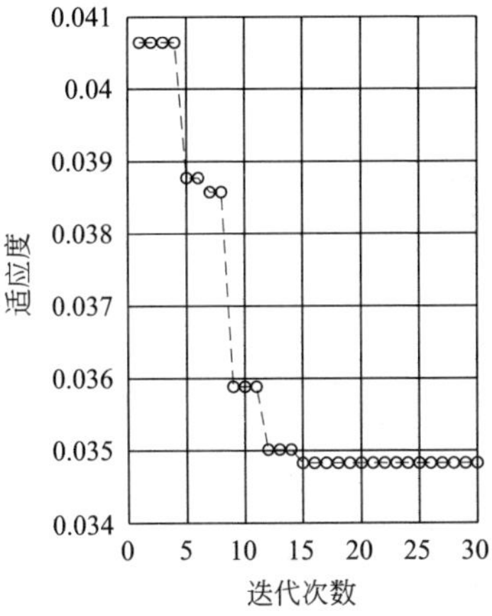

(b) 对权重β_{P1}、β_{P2}、β_{P3}寻优

图 3-10　PSO 对两步权重寻优曲线

步骤 5：计算综合态势，得综合联系数态势如表 3-5 所示；分别计算敌

我双方集对势、贴近度、RCPT 及 RSCPT 如表 3-6 所示。

表 3-5 [t_0，t_0+5] 时段双方综合联系数态势

战机	联系数	角度+距离优势	速度	高度	几何总态势
A1	同一度	0.3530	0.6843	0.8305	0.6157
	差异度	0.0316	0.0477	0.1251	0.0650
	对立度	0.6154	0.2681	0.0444	0.3193
B4	同一度	0.3718	0.8187	0.4493	0.5234
	差异度	0.0102	0	0	0.0036
	对立度	0.6180	0.1813	0.5507	0.4730

表 3-6 [t_0，t_0+5] 时段双方态势评估

战机	C	文献[30]态势	文献[27]态势	集对势	贴近度	RCPT	RSCPT
A1	0.165	0.109	0.262	1.9280	0.6584	2.7346	2.5568
B4	0.163	0.080	0.270	1.1065	0.5253	1.2986	1.2939

由表 3-5、表 3-6 仿真结果可见，尽管 B4 速度比 A1 快，飞行高度也高于 A1，但均偏离其最佳空战状态，A1 则基本处在最佳空战状态，具有相对的角度、速度优势及较大的高度优势。仿真结果表明 A1 态势优于 B4，这与文献［35］的结果相一致，态势结果与贴近度指标的结果相近，但区分度不明显，而且文中所提模型计算的是区间连续态势，文献［30］计算的是点时间静态态势，不利于进行态势预测。

PSO 算法收敛速度极快，算法预设 30 次迭代以保证寻优效果。为验证寻优算法稳定性与实时性，对敌我双方每架战机之间均计算态势优势，统计 PSO 在每次两步寻优时算法的运行时间（达到预设迭代次数）如图 3-11 所示，可知基于 PSO 进行寻优基本满足实时性和稳定性要求。

基于区间集对分析理论的态势评估模型能比较全面的考虑系统中确定与不确定性因素对态势的影响，态势结果清晰，指标值差异性明显，具有良好的分辨性，避免了因特殊形式致使总态势不可区分的情况；文中提出的模型能根据态势变化不断调整态势因素的权重分配，进而影响作战决策，算法的适应性和实时性均较高。实际应用中可根据具体情况选择态势区间时间段 Δt，能够取得不同的效果，采用一定的推理机制可进行空战态势预测。

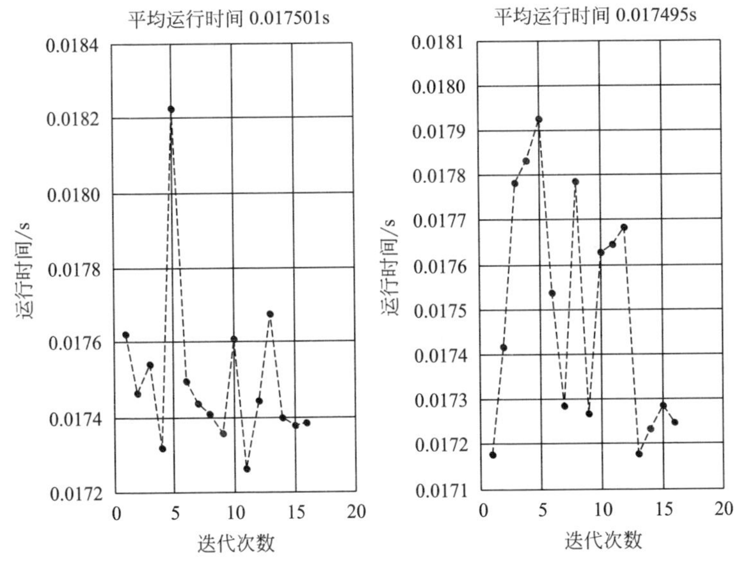

图 3-11　PSO 对两步权重寻优时算法运行时间统计

3.3 基于攻击区和杀伤概率分析的视距内空战态势评估

3. 3. 1　问题描述

视距内空战态势评估的研究已取得较多成果，但如 3.1.1 节所述，随着战斗机及第四代近距空空导弹等装备的不断升级，视距内空战已发生本质变化，传统视距内空战态势评估模型难以适应现代空战环境，无法提供决策支持。由 1.2.1.2 节分析可知，现有态势因素优势函数构造方法缺乏依据，空空导弹攻击区、杀伤概率是其武器系统效能的关键性指标，在空战中，战机攻击区及所在占位发射导弹的杀伤概率综合体现了多种态势因素对导弹作战使用的影响，可为构造空战态势评估函数提供参考依据。

文中态势评估模型考虑到四代近距空空导弹的离轴发射能力等特性，同时结合战机挂载的近距红外空空导弹展开研究，分析角度、速度等态势因素对攻击区、单发杀伤概率的影响关系，提取角度、距离、高度、速度四种态势因素构造态势评估函数，仿真表明该态势评估模型符合空战实际，可为视距内空战提供决策依据[191]。

3.3.2 攻击区解算

近距空空导弹发射时主要考虑攻击区的限制，第四代近距空空导弹已具备离轴、全向攻击能力，最大发射离轴角甚至达到了 90°，图 3-12 中 λ 为离轴角，ε 为目标尾后角，并标注了美军第四代近距空空导弹允许发射的条件。文中计算攻击区是为了分析角度、速度、高度、距离态势因素对攻击区的影响，比较分析不同态势条件下攻击区的变化，具体关系在 3.3.4 节介绍。

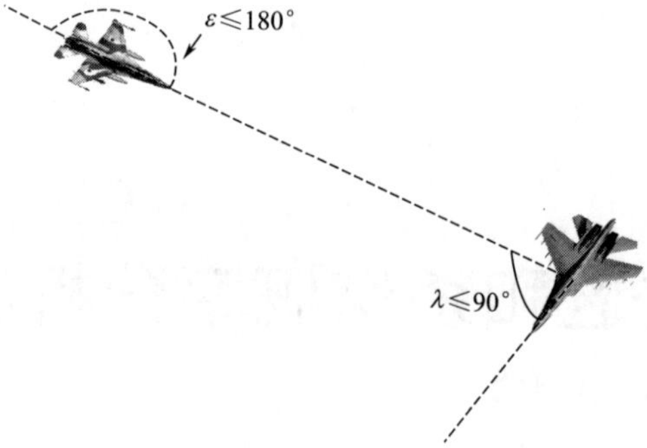

图 3-12　双方近距空战几何态势

3.3.3 空空导弹单发杀伤概率解算

在目标相对速度坐标系下，导弹单发杀伤空中目标概率[192~194]计算如式(3-27) 所示。

$$P=P'\int_{-\infty}^{\infty}\int_{-\infty}^{\infty}\int_{-\infty}^{\infty} f(y,z)\varphi_1\left(\frac{x}{y},z\right)\varphi_2(y,z)G(x,y,z)\mathrm{d}x\mathrm{d}y\mathrm{d}z \tag{3-27}$$

式中，P'是导弹飞行可靠度；$f(y,z)$ 是制导误差规律，取决于制导系统；$\varphi_1\left(\frac{x}{y},z\right)$是给定制导误差 $f(y,z)$ 时引信引爆点沿 x 轴的散布规律；$\varphi_2(y,z)$ 是与制导误差有关的引信引爆概率；$G(x,y,z)$ 是目标坐标杀伤规律。

导弹单发杀伤概率的影响因素是多方面的，从导弹发射时的态势来讲，影响因素主要有载机和目标的速度、高度、导弹发射离轴角等，这些因素与空战态势因素（角度、速度、高度等）直接相关，因此通过分析态势因素对导弹单发杀伤概率的影响规律可为态势评估函数的构造提供依据。

此处对近距空空导弹在典型作战条件下进行杀伤概率仿真计算，分析不同态势条件对杀伤概率的影响。其中图 3-13(a) 是在 $v_m=v_t=0.8Ma$，$H=3$km，初始距离 $D=3$km，目标无机动过载条件下，杀伤概率随导弹发射时目标进入角变化曲线；图 3-13(b) 是在 $v_t=0.8Ma$，$H=3$km，$D=3$km，进入角为 30°条件下杀伤概率随导弹发射初速度变化曲线；图 3-13(c) 是在 $v_m=v_t=0.8Ma$，进入角为 30°，目标不机动条件下的杀伤概率随作战高度变化曲线。杀伤概率随导弹发射条件变化的原因与空气动力学及爆炸毁伤效应相关，此处不具体分析，具体可参见文献［192］。

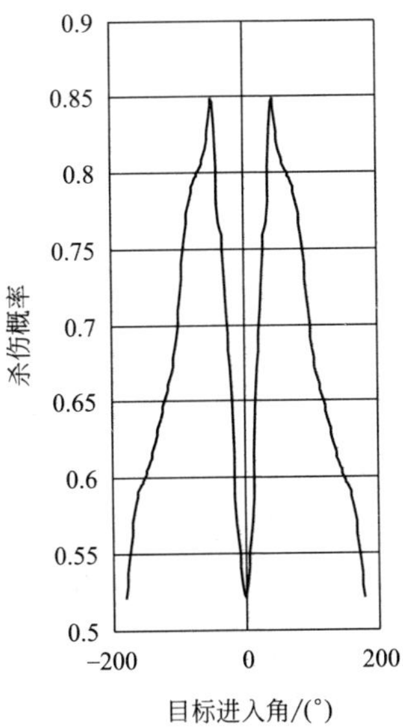

(a) 目标进入角的影响

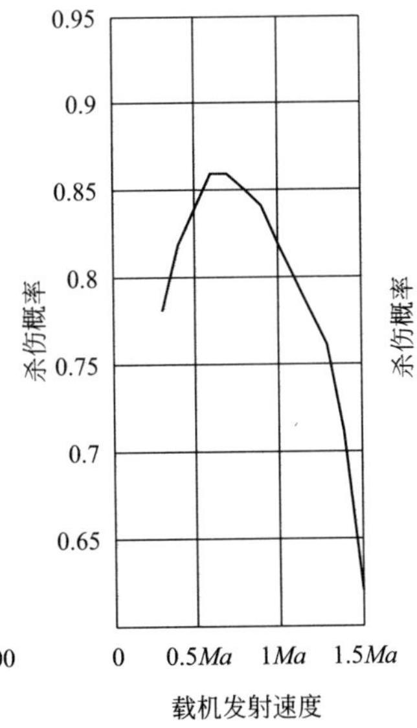

(b) 发射速度的影响

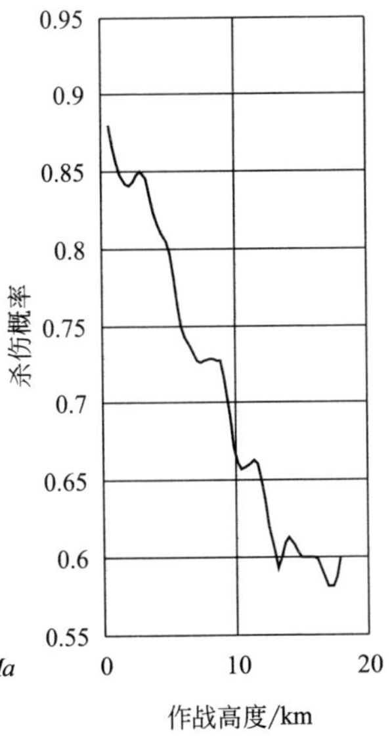

(c) 作战高度的影响

图 3-13　态势因素对杀伤概率的影响曲线

3.3.4 态势评估模型构造

大量空战模拟表明，有利接敌态势是战机获取先敌优势的前提，好的态势体现为导弹攻击区较大的杀伤概率，增大我方攻击区、压缩敌攻击区，构成有效杀伤，即为有利态势。文中构造态势评估模型为角度、速度、高度、距离优势的加权融合，并根据态势因素对攻击区和杀伤概率的影响，分析构造态势优势函数。

3.3.4.1 角度优势函数

第四代近距空空导弹具备较大的离轴、全向发射能力，虽然使得攻击机会增多，但不同方位的攻击效果是不一样的，而且无论是雷达制导还是红外制导的空空导弹都不能完全做到全向攻击。空战中，应根据火控武器系统性能和空空导弹性能，选择有利攻击方位，可提高己方导弹的命中概率，并抑制和破坏敌机导弹发射条件。

① 方位角对态势的影响。

第四代空空导弹具备较强的离轴发射能力，在迎角 α 和侧滑角 β 一定时，方位角 φ 越小，则离轴角 λ 越小，满足近距空空导弹发射条件（$|\lambda| \leqslant \lambda_{max}$），击中目标可能性越大，此时态势值应远大于 $|\lambda| > \lambda_{max}$ 的情况，据此构造方位角优势函数如式(3-28) 所示。

$$S_{\varphi}=\begin{cases}1-\dfrac{|\varphi|}{20\lambda_{max}} \\ 1-\left(\dfrac{|\varphi|-\lambda_{max}}{180°-\lambda_{max}}\right)^{0.4}\end{cases} \tag{3-28}$$

式中，λ_{max}为导弹的最大离轴发射角。

方位角对态势的影响如图 3-14(a) 所示。

② 目标进入角对态势的影响。

如 3.3.2 节中攻击区解算可知，近距空空导弹在迎头攻击时攻击区最大，即进入角 $q=180°$，但战术上载机也处于目标的最大攻击范围之内。若我机载火控系统性能和导弹攻击距离优于敌方，可选择迎头接敌；若敌机探测距离和导弹射程明显优于我机，应避免迎头接敌。图 3-13(a) 中仿真表明在目标无机动时，导弹杀伤概率在攻击区内左右对称分布，前半球杀伤概率比后半球的杀伤概率低，大杀伤概率主要分布在进入角±30°～±90°内。综

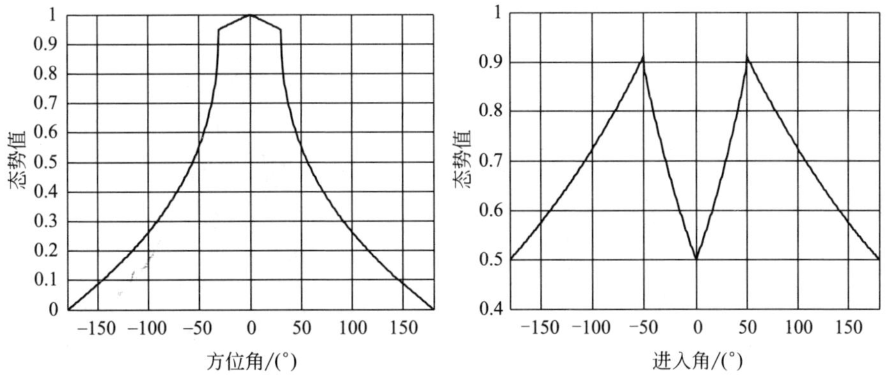

(a) 方位角的态势优势曲线　　(b) 目标进入角的态势优势曲线

图 3-14　角度优势目标函数曲线

合考虑构造进入角优势函数如式(3-29) 所示。

$$S_q=\begin{cases}2^{\frac{-(|q|-F_k)}{0^\circ-F_k}} & 0^\circ\leqslant|q|\leqslant Q_1\\ 2^{\frac{-(|q|-F_s)}{180^\circ-F_s}} & Q_1<|q|\leqslant180^\circ\end{cases}\tag{3-29}$$

式中，F_k、F_s、Q_1为控制参数，可根据敌我机动等进行调节。在敌方无机动时，$F_k=60^\circ$，$F_s=30^\circ$，$Q_1=50^\circ$，此时进入角对态势的影响如图 3-14(b) 所示。

目标方位角优势与进入角优势之间存在耦合关系，综合上述分析，构造角度优势函数为

$$S_a=S_\varphi^{r_1}S_q^{r_2}\tag{3-30}$$

式中，S_φ为方位角优势函数；S_q为目标进入角优势函数；r_1、r_2为权重因子，$r_1+r_2=1$。

3.3.4.2　速度优势函数

在发射高度和目标速度不变的情况下，导弹发射初速度对攻击区的影响如图 3-15 所示。随着发射初速度的增大，攻击区远界增大，攻击区近界相对稳定，总的攻击区范围扩大。在迎头接敌态势下，敌我相对速度变大也将导致敌机导弹攻击区变大。导弹杀伤概率随导弹发射速度的变化如图 3-13(b) 所示，杀伤概率随速度变大逐渐减少。

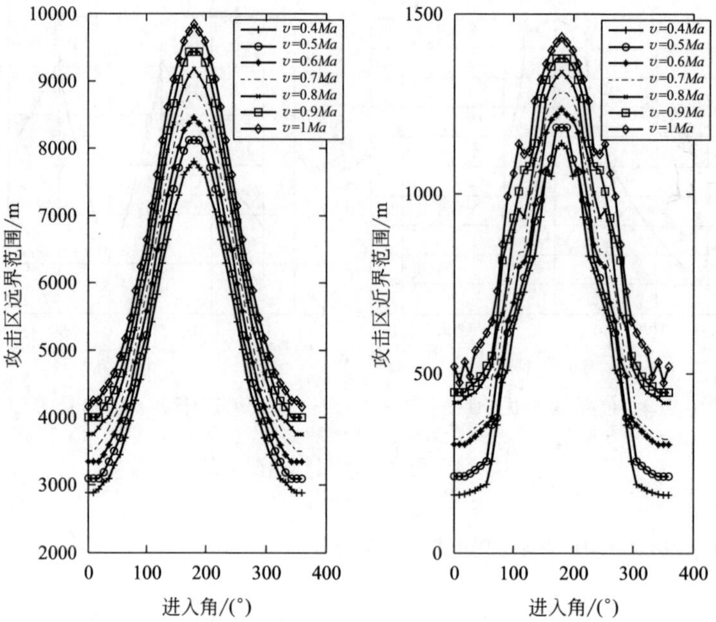

(a) 速度态势对攻击区远界的影响　　(b) 速度态势对攻击区近界的影响

图 3-15　速度态势对攻击区边界的影响

由此接敌初期在相对距离较远时，我机速度不宜过大，避免过早进入敌导弹攻击区，同时速度也不能过小，否则不利于机动动作的实施。当我机以有利速度接近至敌攻击区外边界时，应以较快速度飞行以减少在敌攻击区内飞行时间，增加敌机对我战机跟踪瞄准难度，综合考虑导弹最大允许发射速度及杀伤概率以合理速度发射导弹，然后快速规避。为保证制导精度，导弹发射速度不宜过大。

此处基于“变速接敌”策略，引入期望速度构造优势函数，在期望速度下速度优势 $S_v=1$，其他状态时 $S_v<1$。期望速度在空战过程中不是固定的，随两机距离变化而变动，距离较远时提高期望速度以快速接敌，随着距离减少期望速度逐渐降低；到达攻击区边界时，期望速度与敌机速度相近以便于跟踪和攻击机动；攻击区内则以构造大概率杀伤发射条件为主。根据以上分析构造速度优势函数如式(3-31) 所示。

$$S_v=\left(\frac{v_m}{v_d}e^{-\frac{|2v_m-v_d|-v_d}{2v_d}}\right)^{\frac{1}{2}}$$

$$v_d=\begin{cases}v_t+(v_{max}-v_t)(1-e^{-\frac{d-D_{Kmax}}{D_{Kmax}}}) & d\geqslant D_{Kmax}\\ v_t+(v_{min}-v_t)[1-e^{\frac{2(d-D_{Kmax})}{D_{Kmax}}}] & D_{Kmin}<d<D_{Kmax}\&v_m\notin[V_{S-start},V_{S-end}]\\ v_m & D_{Kmin}<d<D_{Kmax}\&v_m\in[V_{S-start},V_{S-end}]\end{cases}\tag{3-31}$$

式中，v_m表示我载机发射导弹初速度；v_t表示敌机速度；v_d为期望速度；v_{max}、v_{min}表示载机最大、最小飞行速度；d为敌我距离；D_{Kmax}、D_{Kmin}表示我方攻击区远界、近界；$[V_{S-start}, V_{S-end}]$表示导弹较优发射速度区间。在敌我距离较远时期望速度较大以快速接敌；随着距离减少逐渐降低期望速度以构造攻击条件为主，v_d与距离d及敌机速度v_t相关，其曲线如图3-16(a)所示。速度优势函数S_v与距离d、我机速度v_m的关系如图3-16(b)所示。此处研究的速度区间为[100m/s，680m/s]，距离区间为[1000m，15000m]。1000m以内为航炮攻击区，此处不涉及。

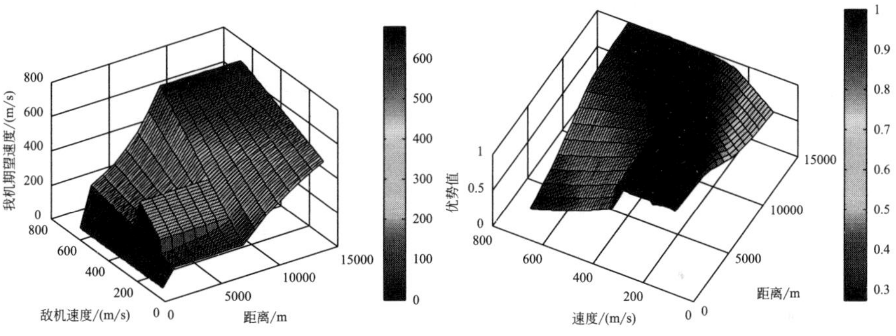

(a) 期望速度曲线　　(b) 速度态势优势函数曲线

图3-16　速度态势优势函数相关曲线

3.3.4.3　高度优势函数

导弹发射高度对攻击区的影响如图3-17中所示，攻击区远边界随载机导弹发射高度的提高而增大，近边界变化不明显，总攻击区范围扩大且导弹的全向攻击能力逐渐提升。由图3-13(c)可知，同等发射条件下，导弹的杀伤概率随着作战高度的增大而减小。由此可知，作战高度并非越高越好，也并非越低越好，应根据作战环境进行合理选择。在接近目标时应扩大导弹攻击区，使目标迅速置于我方导弹攻击范围，然后按照具体战情机动。

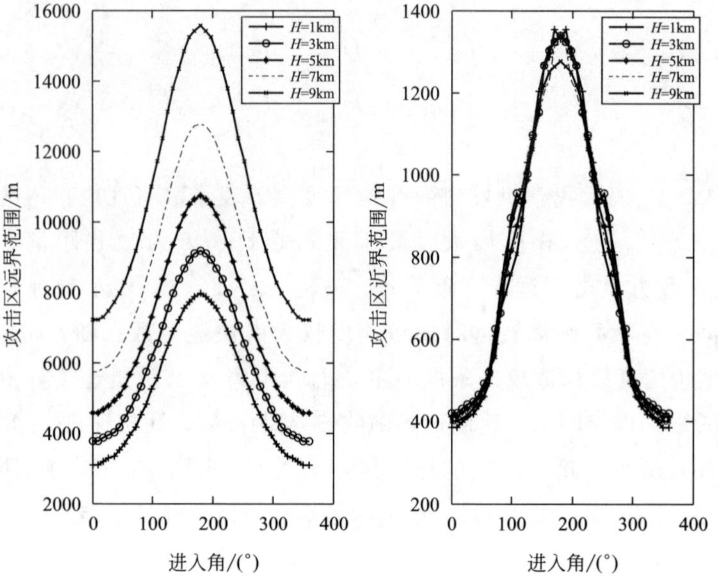

(a) 高度优势对攻击区远界的影响　　(b) 高度优势对攻击区近界的影响

图 3-17　高度优势对攻击区边界的影响

此处基于期望高度构造优势函数，期望高度处高度优势 $S_h=1$，其他高度下 $S_h<1$。期望高度 S_h 随两机距离变化，具体优势函数如式(3-32)所示。

$$
S_h=\begin{cases}\left(\dfrac{h_m}{h_d}e^{-\frac{|2h_m-h_d|-h_d}{2h_d}}\right)^{\frac{1}{2}} & h_m\in[H_{min},H_{max}]\\ 0 & h_m\notin[H_{min},H_{max}]\end{cases}
$$

$$
h_d=\begin{cases}h_t+(H_{max}-h_t)(1-e^{-\frac{d-D_{Kmax}}{D_{Kmax}}}) & d\geqslant D_{Kmax}\\ h_t+(H_{min}-h_t)[1-e^{\frac{2(d-D_{Kmax})}{D_{Kmax}}}] & d<D_{Kmax}\end{cases} \tag{3-32}
$$

式中，H_{min} 表示战机最低飞行高度（撞地高度）；H_{max} 表示战机升限；h_m 表示载机发射导弹高度；h_d 为期望高度；h_t 为敌机高度。期望高度 h_d 与距离 d 及敌机速度 h_t 相关，其曲线如图 3-18(a) 所示；高度优势函数 S_h 与距离 d、我机速度 h_m 的关系如图 3-18(b) 所示。

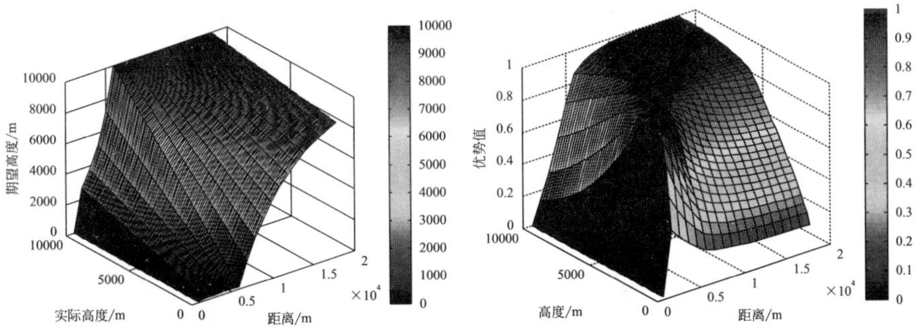

(a) 期望高度曲线　　(b) 高度优势函数曲线

图 3-18　高度优势函数相关曲线

3.3.4.4 距离优势函数

对一定 RCS（雷达散射截面）的目标，雷达发现概率与距离相关；仿真表明导弹在攻击区边界附近对目标杀伤概率较小，在“不可逃逸区”发射导弹时，即使目标做大机动逃逸动作，导弹仍能以不低于一定概率命中目标。在大机动格斗情况下，目标可能频繁地进出导弹攻击区，若我方能在不可逃逸区发射导弹，必会提高攻击成功把握。基于以上分析定义距离优势函数如式(3-33) 所示。

$$S_d=\begin{cases}0 & d\geqslant D_{rmax}\\ \frac{1}{5}e^{-\frac{d-D_{Mmax}}{D_{rmax}-D_{Mmax}}} & D_{Mmax}\leqslant d<D_{rmax}\\ 2^{-\frac{d-D_{MKmax}}{D_{Mmax}-D_{MKmax}}} & D_{MKmax}\leqslant d<D_{Mmax}\\ 1 & D_{MKmin}\leqslant d<D_{MKmax}\\ 2^{-\frac{d-D_{MKmin}}{D_{Mmin}-D_{MKmin}}} & D_{Mmin}\leqslant d<D_{MKmin}\\ \frac{1}{5}e^{-\frac{d-D_{Mmin}}{D_{Mmin}-D_{rmin}}} & D_{rmin}\leqslant d<D_{Mmin}\\ 0 & d<D_{rmin}\end{cases}\tag{3-33}$$

式中，D_{rmax}表示机载雷达探测距离；D_{Mmax}表示载机所在角度的攻击区远界；D_{Mmin}表示攻击区近界；D_{MKmax}表示不可逃逸区远界；D_{MKmin}表示不可逃逸区近界；D_{rmin}表示防撞机安全距离。距离优势函数曲线如图 3-19 所示。

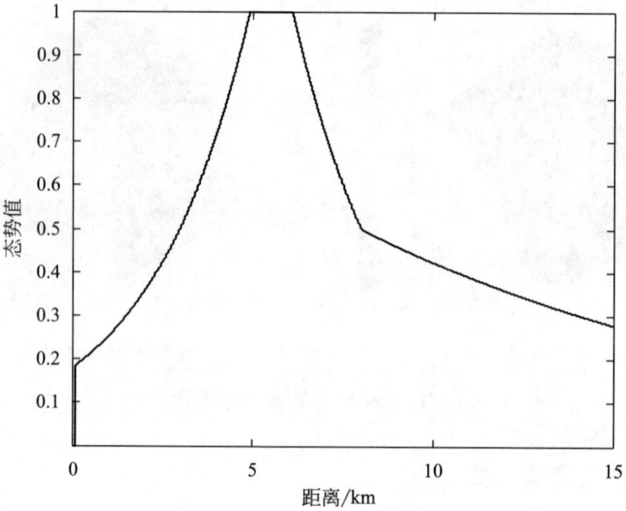

图 3-19 距离优势函数曲线

3.3.4.5 空战态势建模

由上文可知，视距内空战态势评估模型由角度优势函数 S_a、速度优势函数 S_v、高度优势函数 S_h 和距离优势函数 S_d 组成，考虑角度优势与距离优势有较强耦合性，构造优势函数如式(3-34) 所示。

$$S=C(m_1 S_a^{n_1} S_d^{n_2}+m_2 S_v+m_3 S_h)$$
$$\sum_{i=1}^{2} n_i=1,\sum_{j=1}^{3} m_j=1 \tag{3-34}$$

式中，C 表示载机空战能力，用综合指数法求解；n_1、n_2 分别是角度优势、距离优势的权重；m_1、m_2、m_3 分别是角度与距离的耦合权重、速度权重及高度权重。权重的计算采用主客观综合赋值法，用 3.2.4 节中的基于 PSO 方法对指标权重寻优作为客观权重；根据传感器信息的完整性及可信度和对专家的信任程度，结合具体空战来与专家打分的权重作为组合权重。

3.3.5 算例及分析

视距内空战时战机主要是参考态势评估及双方武器装备性能来选择接敌方位，设计三组实验来验证态势评估模型能否为战机机动提供决策参考。接敌进入方位可分为迎头、偏侧和尾后攻击三种，文中结合近距空空导弹进行研究，导弹离轴发射角取 $\lambda_{max}=30°$，采用比例导引法接近目标，敌机为机动性能相仿的第三代机，采用基于滚动时域控制（Receding Horizon Control，RHC)[195]的方法进行导弹规避。利用机动动作集实现战机机动，基本机动动作执行时间 $\Delta t=2s$。

实验一

初始态势为迎头态势，我方战机坐标（0m，0m，6000m），速度 $v_p=200m/s$，俯仰角为 $\gamma_p=0°$，偏航角 $\varphi_p=0°$；敌机坐标（20000m，0m，6000m），速度 $v_t=200m/s$，匀速直线运动，俯仰角为 $\gamma_t=0°$，偏航角 $\varphi_t=180°$。

若我方采取迎头攻击战术，依照变速接敌策略，双方基本同时在 $8\Delta t$ 时刻相互进入攻击区。双方机动如图 3-20 所示，其中粗线表示对方进入己方攻击区，我方选择合适时机发射导弹，粗线后为我方导弹飞行轨迹和敌战机规避飞行轨迹，我方发射导弹及敌机规避过程中的状态变量如图 3-21 所示。此时敌我双方态势对比如表 3-7 中“迎头接敌”所示，我方并未取得较大优势，双方基本处于态势均势，若我机先敌发射导弹即可击毁敌机，若敌方挂载中远距空空导弹则有可能在目标还未进入己方导弹攻击区时就使我机置于敌机雷达探测和火力威胁之中。

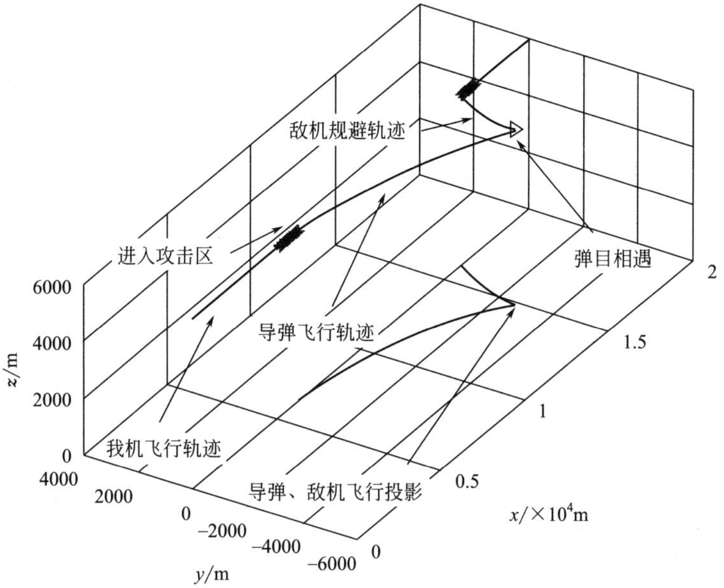

图 3-20 迎头接敌运动轨迹

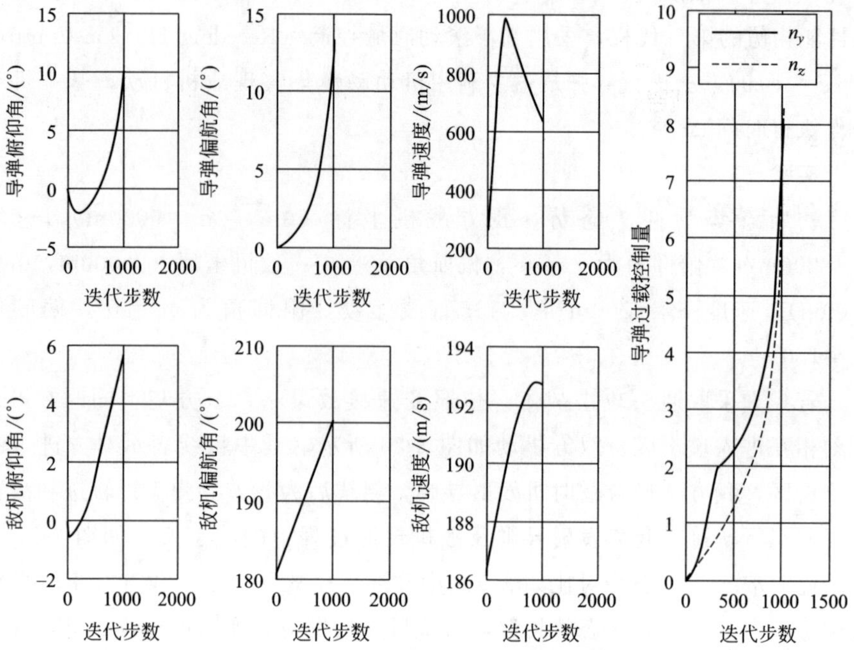

图 3-21　导弹发射后敌我飞行变量

表 3-7　不同接敌方式下的空战态势优势

接敌方式	迎头接敌		偏侧接敌		尾后接敌	
态势方	我方	敌方	我方	敌方	我方	敌方
综合态势	0.126	0.125	0.138	0.087	0.8025	0.4133
方位角优势	1	1	0.973	0.168	0.9644	0.0482
方位角/(°)	0	0	16	125	21.4	162.57
进入角优势	0.5	0.5	0.89	0.54	0.6115	0.5519
进入角/(°)	180	180	55	164	17.4	158.6
角度优势	0.659	0.659	0.922	0.338	0.7337	0.2081
距离优势	0.520	0.511	0.548	0.448	0.5478	0.4373
距离/m	10682	10682	7198	7198	4021	4021
杀伤区远界/m	10896	10800	7548	4354	4200	0
杀伤区近界/m	1214	1204	742	242	650	0
高度优势	0.999	0.999	0.996	0.87	0.9927	0.5666
高度/m	6000	6000	6000	6000	5234	5000
速度优势	1	1	0.885	0.76	1	0.6687
速度/(m/s)	278	200	357	200	281.8	220

实验二

在实验一的态势条件下，若我方采取偏侧攻击，在敌攻击区外绕至敌侧，先敌达成导弹发射条件而敌方未达到，可得到较大态势优势。此时敌我态势对比如表 3-7 中“偏侧接敌”所示，双方机动及导弹轨迹如图 3-22 所示，我方发射导弹及敌机规避过程中的状态变量如图 3-23 所示。

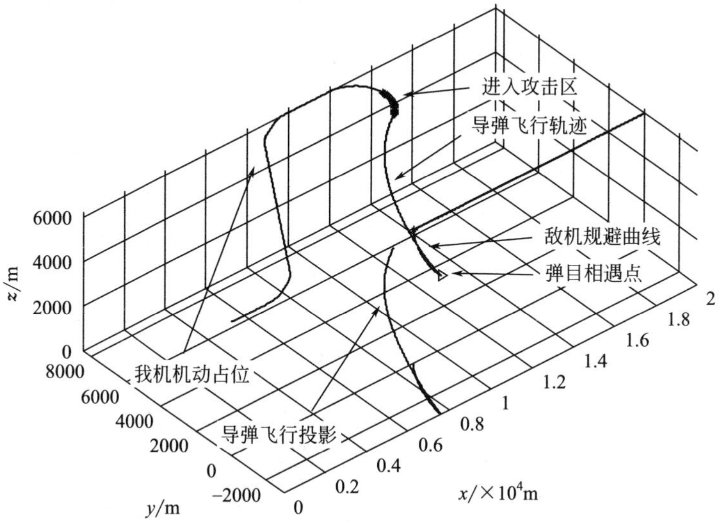

图 3-22　偏侧接敌运动轨迹

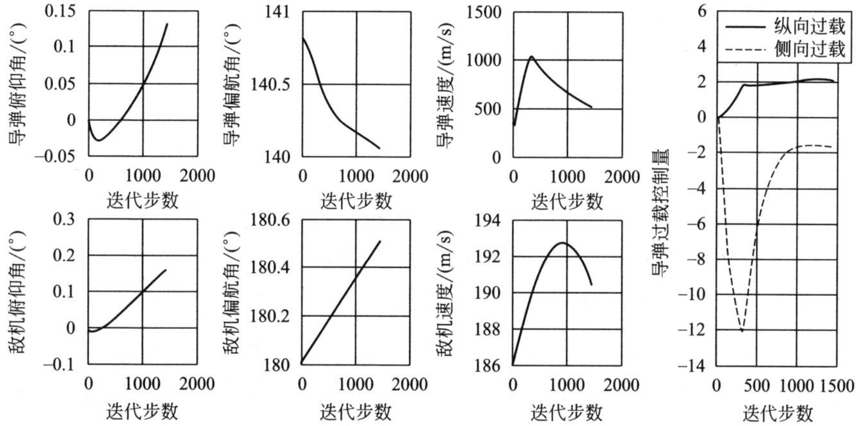

图 3-23　导弹发射后敌我飞行变量

实验三

初始为我机态势优势，我战机坐标（0m，0m，5000m），速度 $v_p=$

210m/s，俯仰角 $\gamma_p = -10°$，偏航角 $\varphi_p = 0°$；敌方战机坐标（5000m，5000m，5000m），速度 $v_t = 220$m/s，俯仰角 $\gamma_t = 0°$，偏航角 $\varphi_t = 0°$；则目标方位角 $\varphi = 45°$，进入角 $q = 45°$。

战机参考态势评估模型选择最优机动，拉起从侧后方接敌，进入攻击区后发射导弹，双方机动如图 3-24 所示，图 3-25 所示为导弹发射后的飞行参数和敌机的机动参数。此时敌我态势对比如表 3-7 中“尾后接敌”所示。

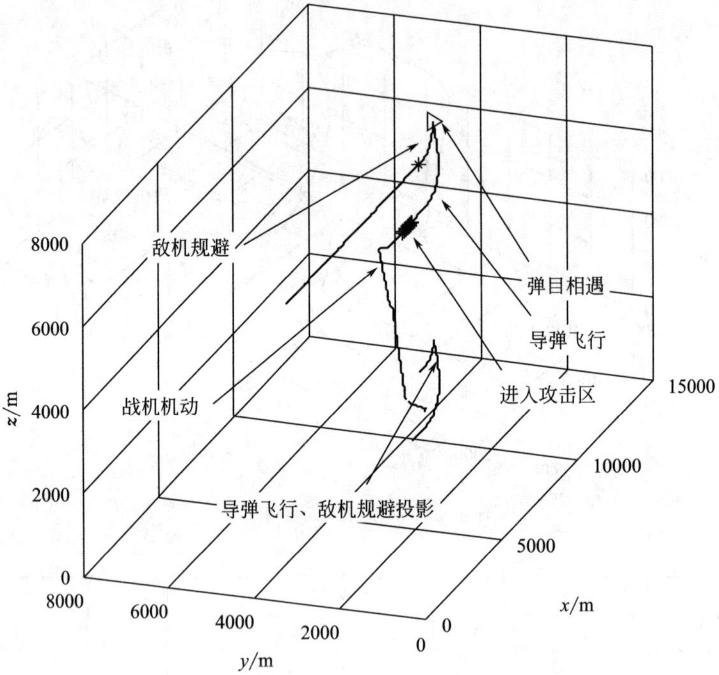

图 3-24　尾后接敌运动轨迹

文中只考虑了空间几何态势及空战能力 C，并未综合考虑双方的机载武器装备性能及战术决策因素，提出的态势评估模型将应用到第 4 章视距内空战机动决策中。通过算例实验可得以下结论。

① 战机可根据空战态势选择不同的进入方位，同时应考虑战术决策以避开敌方优势。如实验一中当我方机载火控系统性能和导弹性能比对方强时，应首选迎头攻击，先敌发射导弹取得战术优势；当我方战机性能不如敌方时，尤其我方装备近距格斗弹，与可能装备有中距拦射弹的敌机空战时，先要考虑的是如何避开敌超视距攻击，尽量避免从目标正前方一定范围攻击。在只能迎头接敌时应横向偏出敌机航迹线一定间隔，争取进入敌侧或后

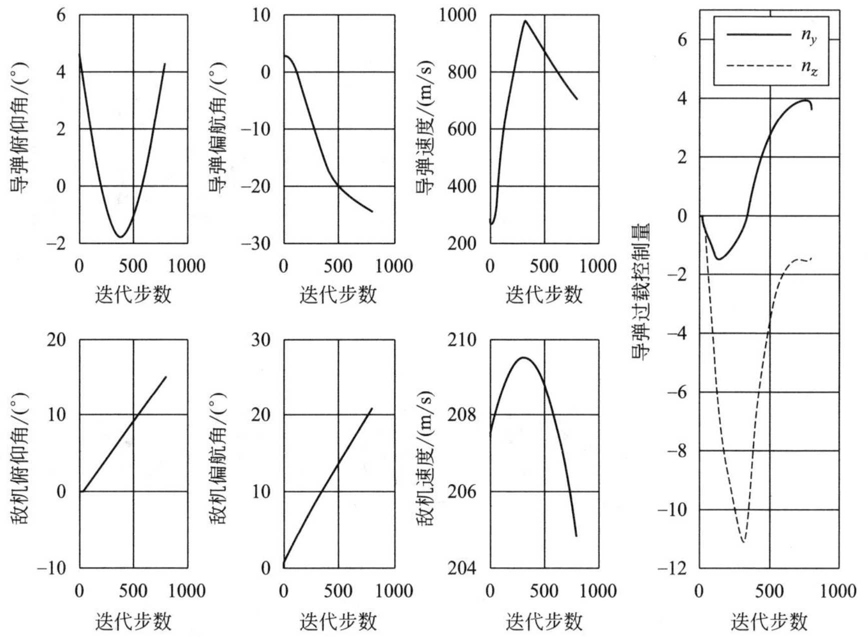

图 3-25 导弹发射后敌我飞行参数

半球，避开敌探测和火力范围。

② 作尾追攻击战机相对安全，但攻击区较小，对占位要求较高。多方面因素表明从敌机侧面攻击最佳。

第4章

多机协同空战攻击决策研究

为进一步提高作战效能，本章重点对多机协同空战攻击决策进行介绍。空战协同攻击决策具体表现为多机协同武器目标分配（Weapon-Target Assignment，WTA）问题，与一般 WTA 问题相比，空战攻击决策对抗性更加明显，我机群在攻击目标机群的同时也受到目标机群的攻击，而且空战态势可能发生剧烈变化，充满不确定性。根据空战发展流程及战场环境需求，将攻击决策问题分为空战初期的集中式预分配和突发情况下的分布式重分配，并对空战后期的小编队分组作战进行了介绍。提出基于多目标优化理论建模并利用混合进化多目标优化算法 MODPSO-GSA 求解的集中式武器目标预分配和基于改进一致性组合拍卖算法的分布式重分配。预分配将协同空战武器目标分配建模为多目标优化问题，利用基于 MODPSO-GSA 的进化多目标优化算法求解。可一次求得多个不同耗弹量下满足毁伤门限的分配方案供指挥员进行决策参考，混合进化多目标优化算法可有效求解该模型。突发情况下的分布式重分配采用基于改进一致性组合拍卖算法构造目标拍卖组合，在完全分布式的环境中各战机智能体充分发挥自主性，通过两两相互协商达到攻击方案的一致，算法实时性高，基于 NetLogo 仿真环境仿真验证了该算法的可行性。最后介绍了视距内多机小编队协同空战并以近距空空导弹互射为主要作战模式下的攻击决策，以近距空空导弹互射为主要作战模式，构建基于证据理论和 PSO 二级加权的攻击决策模型，并用博弈论双矩阵对策对模型有效性进行了验证，表明算法实时性满足战场环境需要。

4.1 空战指挥控制结构

日益复杂的空战环境对多机编队的自主决策能力也提出了新的需求，需要能在没有指控中心集中指挥时继续完成作战任务。

4.1.1 指控结构分析

根据 1.2.2 节综述可知，现有指控结构可分为集中式指控、完全分布式和有限集中控制下的分布式指控方式三种。结合对空作战指挥控制需求对这三种方式进行分析。

4.1.1.1 集中式指控

作战任务下达后，指挥系统基于空战态势、目标威胁及我战机性能等的综合评估，制定作战计划，确定我机群对敌机作战的任务规划，生成攻击决策。飞行员正确接收攻击指令后，对敌方目标进行搜索跟踪并锁定，具备条件后实施攻击。这是作战初期理想条件下对多机空战的集中式指控方式。这种结构如图 4-1(a) 所示，有利于编队指挥员进行统一控制，可充分发挥指控系统丰富的计算资源优势，获得全局最优的决策结果。

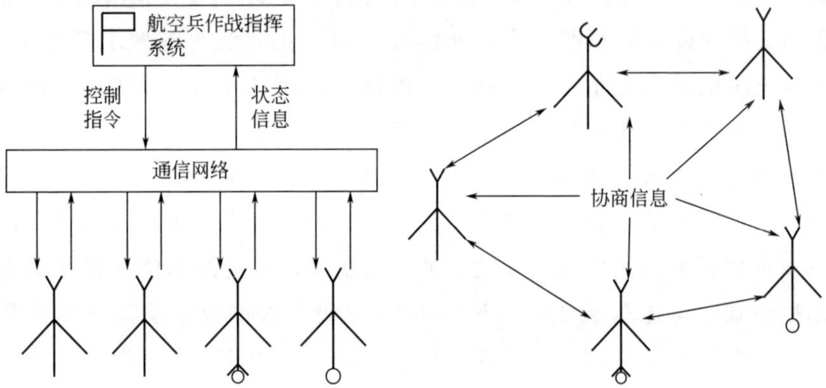

(a) 集中式决策体系　　(b) 完全分布式决策体系

图 4-1　集中式和完全分布式决策体系

但集中式指控对指控中心高度依赖，在下列情况时会失去作用：一是指挥系统被破坏或通信链路受到电子干扰和压制，失去指挥功能；二是空战态势剧烈变化导致指挥所对态势难以实时掌握，重新集中决策无法满足作战要求；三是若敌方低空突防或饱和攻击，指挥所或辅助指挥所在重要作战方向有难以把握的情况。

4.1.1.2 完全分布式指控

完全分布式决策体系结构如图 4-1(b) 所示，各战机作为自主智能体构成多 agent 系统，通过数据链实现对态势感知等信息的共享，目前分布式指控结构主要应用在无人机指挥控制中。高动态作战环境中，出现预先规划时无法预测的临时突发任务，如作战范围内发现新目标，或由于某架战机被击毁预定任务规划无法完成，尤其是集中式指控失去作用时，需要根据当前态势重新调整分配方案，继续开展作战行动，这就要求作战编队有一定的自主决策能力，而且要具备较高实时性[82]。

在战机具备一定的信息交互和计算能力的条件下，分布式指控能够发挥作战单元的快速反应能力，对分配方案快速调整，这种情况下的任务重分配对于实时性要求很高，只要求寻到满意的而不一定是最优的分配决策。

4.1.1.3 有限集中控制的分布式指控

有限集中控制的分布式指控方式将集中式指控与完全分布式指控结合在一起，能发挥二者的互补优势，其结构如图 4-2 所示。指控中心制定作战计划，执行过程中无须持续操控，局部态势发生变化时由无人机进行自主决策，指挥员保持监控并随时干预。

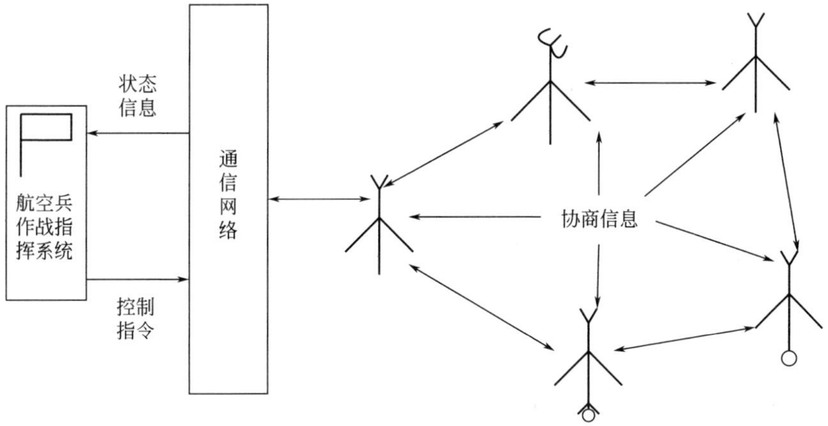

图 4-2 有限集中控制的分布式指控结构

有限集中控制的分布式指控适用于无人机或无人机/有人机混合编队的控制，指挥员的监控干预和无人机的自主决策是该体系中同时工作的两个职能，能够充分发挥集中式和分布式决策的互补优势。

有人机在集中式指控能够发挥作用时主要是依靠指控中心进行作战指挥决策，目前分布式指控可视为在集中式指挥无法响应时的必要补充，此时已无指控中心对其进行监控。即使未来无人机、无人机/有人机编队前出作战采用有限集中控制的分布式指控，也需要对其完全分布式任务分配算法进行研究。

4.1.2 协同空战攻击决策研究思路

针对 1.2.2.2 节中对协同空战攻击决策的不足分析，为应对高动态的作战环境，充分发挥集中式和分布式指控方式的优点，将多机协同攻击决策划分为作战初期基于集中式指控的空战武器目标预分配和突发情况下基于分布式的武器目标重分配，这种结构能发挥集中指挥与个体自主的互补优势。集中式武器目标分配（Centralized Weapon Target Assignment，CWTA）基于多目标优化理论对目标分配建模，同时对多个决策目标寻优，并利用混合进化多目标优化算法 MODPSO-GSA 求解，利用指控中心丰富的计算资源求解最优分配方案，可一次求得不同耗弹量下满足毁伤门限的多个分配方案供指挥员进行决策参考。分布式武器目标分配（Distributed Weapon Target Assignment，DWTA）基于贪婪算法构造目标拍卖组合，制定协商机制可充分发挥各战机智能体的自主性，并采用分布式仿真软件 NetLogo 验证算法有效性，对分配方案进行动态分布式调整。

视距内小编队空战攻击决策以近距空空导弹互射为主要作战模式，提出基于证据理论和 PSO 二级加权信息融合的攻击决策模型，并用博弈论双矩阵对策对模型有效性进行了验证，算法满足实时性要求。

4.2 基于多目标优化理论的超视距协同空战武器目标分配

超视距协同空战是现代空战的主要形式，现代战机均具备多目标攻击能力，可一次发射多枚导弹同时攻击不同目标。若不涉及作战战术，超视距协同空战的核心问题为武器目标分配，使我方对敌机群的攻击效果最优。

1.2.2.2 节结合航空兵作战指挥系统制定多种作战行动预案的需求，对现有基于集中式指控结构的不足进行了分析，指出单目标优化决策方法难以满足实际作战需求；单纯的基于求毁伤概率越大越好（或剩余威胁越小越好），不考虑火力资源消耗的一次性完全分配不符合现代空战火力分配的实际。已有模型考虑到节省火力资源的问题并提出了改进方案，附加新的约束变量构造综合的目标函数，仍是单目标优化决策。武器目标分配是一个多约束多变量的组合优化问题，构造一个目标函数形式复杂，求解复杂度高，不具备直观性且很难满足实时性等需求。

本节介绍了基于多目标优化理论构建目标分配模型，构建了对敌杀伤效果最大和消耗火力资源最少为决策目标的多目标优化模型，可在满足毁伤门限的前提下，同时求得不同耗弹量的最优分配方案以供指挥员决策参考。模型用进化多目标优化算法[196,197]求解，文中分别采用多目标离散粒子群优化（Multi-Objective Discrete Particle Swarm Optimization，MODPSO）、多目标引力搜索算法（Multi-Objective Gravitational Search Algorithm，MOGSA）实现求解，最后提出基于混合离散粒子群-引力搜索算法（Multi-Objective Discrete Particle Swarm Optimization-Gravitational Search Algorithm，MODPSO-GSA）求解模型，具有良好的寻优能力[198]。经仿真验证，该模型直观性强，粒子多样性保持良好，能在短时间为指挥员提供多种作战方案参考，具备实战意义。

4.2.1 基于多目标优化的武器目标分配模型

4.2.1.1 多目标优化问题

多目标优化问题（Multi-objective Optimization Problems，MOPs）[196～202]指目标函数多于一个且需同时处理的优化问题。其数学模型表示如式(4-1)所示。

$$\begin{cases} \min \quad y=F(x)=[f_1(x),f_2(x),\cdots,f_m(x)] \\ \text{s. t.} \quad \begin{array}{ll} g_i(x)\leqslant 0 & i=1,2,\cdots,p \\ h_j(x)=0 & j=1,2,\cdots,q \end{array} \end{cases} \tag{4-1}$$

式中，$y=(y_1,y_2,\cdots,y_m)\in \boldsymbol{Y}\subset \mathbb{R}^m$ 为 m 维目标向量，$\boldsymbol{Y}$ 为 m 维目标空间；$x\in \boldsymbol{X}\subset \mathbb{R}^n$ 是 n 维自变量，$\boldsymbol{X}$ 为 n 维自变量空间；目标函数 $F(x)$

定义了 m 个目标函数；$g_i(x)$ 定义了 p 个不等式约束；$h_j(x)$ 定义了 q 个等式约束。

由于同时存在多个目标函数，每个解有多个目标函数值，这个解的某个目标函数值是好的，但其他目标函数的值可能是差的，这种情况下无法像单目标优化那样按照目标函数值大小来排序，而是用 Pareto 占优进行度量，即“支配”关系。假设 x_A，$x_B \in \boldsymbol{X}$ 是两个可行解，若式(4-2) 成立则称 x_A是 Pareto 占优的，相应的解为 Pareto 最优解或非支配解，解集合称为 Pareto 最优解集，其表示形式如式(4-3) 所示。

$$\mathrm{all}[F(x_A) \leqslant F(x_B)] \cap \mathrm{any}[F(x_A) < F(x_B)] \tag{4-2}$$

$$P^* \triangleq \{x^* \mid \neg \exists x \in X : x \succ x^*\} \tag{4-3}$$

4.2.1.2 进化多目标优化算法

进化多目标优化（Evolutionary Multi-Objective Optimization，EMO）[201～203]指将进化算法应用于多目标优化领域，进行多目标优化的一类问题。作为启发式搜索算法，进化多目标优化算法成功解决了非线性的复杂多目标优化问题，一些新颖的多目标优化算法相继提出[204,205]。以 MODPSO 为例，进化多目标优化算法相比单目标进化算法的改进主要包括三个方面。

① 基于支配关系的比较机制。

在多目标优化中，多个目标函数值之间存在相互优胜的情况，构成非支配关系。在进化种群一步迭代后对适应度函数值进行评价时，F_A是迭代前的解，F_B是迭代后的解，若 F_B占优则更新其个体极值为 F_B，若 F_A不占优(包含被占优和相等两种情况)，则以一定概率接受 F_B。不被任何其他个体 Pareto 占优的个体集合构成 Pareto 最优解集。

② 基于自适应网格机制的外部种群。

进化多目标优化算法中 Pareto 最优解集对应于单目标粒子群优化中的全局最优解。在 MODPSO 中，除进化种群外，需设置一个外部种群保存寻到的 Pareto 最优解集。外部种群的设置要同时考虑解的收敛性和分布的均匀性，以保证解的多样性。一般是采用自适应网格机制[206]，外部种群中个体的目标函数空间均匀地划分为网格，在对外部种群进行操作时采用基于轮盘赌的方法进行占优解选择。维持外部种群同时保存多个 Pareto 最优解，实现多个武器目标分配方案的同时求取。

③ 基于轮盘赌的占优解选择。

外部种群的操作分为两种：一种是外部种群达到数量限制时删除个体；一种是在对粒子位置进行更新时，选取占优解作为 gbest 引导进化种群寻优。这两种操作均采用基于轮盘赌选择的方式选取，外部种群中按照目标函数空间划分为均匀的网格，统计每个网格中个体的数目，为保证解分布的均匀性，在删除个体时，含有较多个体的网格中的粒子赋予较高的选中概率 p_{del}；在选取个体作为进化种群的全局最优 gbest 时，含有较少个体的网格中的粒子赋予较高的选中概率 p_{sel}，然后基于轮盘赌选择进行占优解的选择。

$$
\begin{aligned}
p_{del} &= \text{cell\_num}^{\gamma} \\
p_{sel} &= \text{cell\_num}^{-\beta}
\end{aligned}
\tag{4-4}
$$

式中，cell _ num 是某一网格中的个体数目；γ 是外部种群删除系数；β 是外部种群选优系数。

多数 EMO 算法都采用这三个方面的改进，不同的 EMO 算法实现上也有所不同，具体可参考相关文献。

4.2.1.3 基于多目标优化的 WTA 模型

多机协同空战中，武器目标分配是指基于对战场态势的综合评估，在现有武器资源条件下，制定我机群对目标机群的攻击方案，达到对目标的最大毁伤效果，同时避免重复攻击并尽可能保存自己。为了应对多阶段空战，要在达到毁伤效果的同时节省火力资源。现代战机普遍具备多目标攻击能力，研究导弹-目标分配即可确定我机群对目标机群的攻击决策方案。

某次截击作战中，我方机群 R 由 M 架战机组成，$R=\{i,i=1,2,\cdots,M\}$，均具备多目标攻击能力，所挂载导弹集合 $\mathbf{A}=\{A_1,A_2,\cdots,A_r,\cdots,A_K\}$，导弹总数为 K；敌方机群 B 由 N 架飞机组成，$B=\{j,j=1,2,\cdots,N\}$。

定义我方导弹集合 $\mathbf{A}$ 中第 r 枚导弹 A_r 攻击敌机 B_j 为 $A_r \rightarrow B_j$，对敌机 B_j 的摧毁概率为 th_{rB_j}，若将导弹 A_r 分配攻击敌机 B_j，则敌机以概率 $1-th_{rB_j}$ 生存，在一次协同攻击后，敌机 B_j 对我机 R_i 的期望剩余威胁如式 (4-5) 所示。

$$
th_{B_jR_i}\prod_{r=1}^{K}(1-th_{rB_j})^{X_{rB_j}}
\tag{4-5}
$$

式中，X_{rB_j} 为二值函数，如式(4-6) 所示。

$$X_{rB_j}=\begin{cases}1 & A_r \to B_j \\ 0 & \neg(A_r \to B_j)\end{cases} \tag{4-6}$$

文中基于多目标优化理论建立目标分配模型，选取两个目标函数，第一个目标函数是找导弹目标分配方案 π，使一次目标分配后敌方机群的总期望剩余威胁评估值最小，如式(4-7) 所示[208]。

$$E(\pi)=\min_{\pi\in\Omega}\sum_{j=1}^{N}\sum_{i=1}^{M}\left[th_{B_jR_i}\prod_{r=1}^{K}(1-th_{rB_j})^{X_{rB_j}}\right] \tag{4-7}$$

式中，Ω 是导弹-目标分配空间。

为避免造成过度杀伤和火力浪费，构造第二个目标函数为一次目标分配后我方消耗导弹数量最少，即找到一个导弹目标分配方案 π^*，在满足杀伤概率的同时耗弹量最小。同时攻击一个敌机 B_j 的导弹数目为 $\sum_{r=1}^{K}X_{rB_j}$ ，则第二个目标函数为

$$N(\pi)=\min_{\pi\in\Omega}\sum_{j=1}^{N}\sum_{r=1}^{K}X_{rB_j} \tag{4-8}$$

综上，构造多目标优化决策模型如式(4-9) 所示。

$$\begin{cases}\min \quad y=F(\pi)=[E(\pi),N(\pi)] \\ E(\pi)=\min\limits_{\pi\in\Omega}\sum\limits_{j=1}^{N}\sum\limits_{i=1}^{M}\left[th_{B_jR_i}\prod\limits_{r=1}^{K}(1-th_{rB_j})^{X_{rB_j}}\right] \\ N(\pi)=\min\limits_{\pi\in\Omega}\sum\limits_{j=1}^{N}\sum\limits_{r=1}^{K}X_{rB_j}\end{cases}$$

s. t.

$$1-\prod_{r=1}^{K}(1-th_{rB_j})^{X_{rB_j}}\geqslant PK_{B_j}$$
$$\sum_{j=1}^{N}X_{rB_j}=1 \quad r=1,2,\cdots,K \tag{4-9}$$

式中，PK_{B_j} 表示第 j 个目标的毁伤门限，其值可根据战场态势或具体作战任务需要由指挥员制定。第一个约束表示引入毁伤门限[70] 以保证对目标的最低杀伤，保证协同攻击效果；第二个约束表示每枚导弹只能攻击一个目标。

4.2.2 基于 MODPSO 的模型求解

PSO 的算法细节详见 3.2.4.1 节，离散粒子群（Discrete Particle Swarm Optimization，DPSO）是研究离散化问题的 PSO 算法，求解 WTA 问题的单目标 DPSO 算法可参见文后相关文献，此处不详述。多目标 DPSO（Multi-Objective DPSO，MODPSO）算法中粒子的速度及位置更新表达式可用式(4-10) 表示。区别在于单目标 PSO 中，$\mathbf{pbest}_i$ 是粒子 i 搜索到的最优位置，$\mathbf{rep}_h$ 是种群搜索到的最优位置；MODPSO 中 $\mathbf{pbest}_i$ 采用基于支配关系的比较机制来更新，$\mathbf{rep}_h$ 则是基于轮盘赌的方式从外部种群选取的 Pareto 占优解来引导寻优，同时还有更新外部种群的步骤。

$$
\begin{aligned}
w &= w_{\max} - \frac{t(w_{\max} - w_{\min})}{t_{\max}} \\
\mathbf{V}_i(t+1) &= w\mathbf{V}_i(t) + c_1 r_1(\mathbf{pbest}_i - \boldsymbol{X}_i^t) + c_2 r_2(\mathbf{rep}_h - \boldsymbol{X}_i^t) \\
\boldsymbol{X}_i^{t+1} &= \boldsymbol{X}_i^t + \mathbf{V}_i(t+1)
\end{aligned}
\tag{4-10}
$$

式中，粒子位置 $\boldsymbol{X}=[X_1, X_2, \cdots, X_K]$ 表示分配方案，K 为待分配导弹数量；粒子速度为 $\mathbf{V}=[v_1, v_2, \cdots, v_K]$；$w$ 为惯性权重，$w_{\max}$、$w_{\min}$ 分别表示 w 的最大值和最小值；t 为迭代步数；$t_{\max}$ 为最大迭代步数；c_1、c_2 为学习因子；r_1、r_2 为（0，1）之间的随机数。

4.2.3 基于 MOGSA 的模型求解

4.2.3.1 基于单目标 GSA 的模型求解

引力搜索算法（Gravitational Search Algorithm，GSA）是由 Rashedi 在 2009 年提出的基于万有引力定律寻优的智能优化算法。Rashedi 验证指出，GSA 的收敛性能及寻优能力均强于 PSO、RGA（Real Genetic Algorithm）等算法[209]。GSA 将每个可能解视为在空间中有质量的粒子，质量越大的粒子代表越优的位置，粒子之间基于牛顿定律，通过万有引力作用相互吸引产生运动，而且遵循动力学规律。引力作用使得粒子群体向着质量最大个体的区域移动，进而收敛到最优解。GSA 通过个体间的引力作用实现优化信息的共享，引导群体向最优解区域搜索，图 4-3 直观地显示个体之间的引力作用，图中 M_2、M_3、M_4 均对 M_1 产生引力。

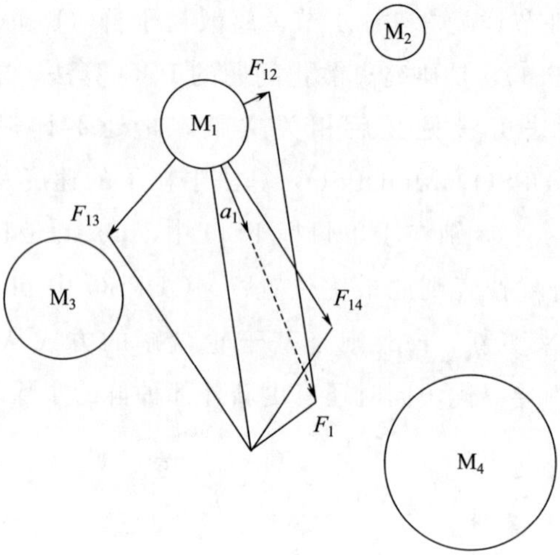

图 4-3　个体之间引力相互作用构造合力 F_1

首先基于所求解的问题，对单目标 GSA 进行介绍，假设只有一个目标函数 $E(\pi)$，算法主要步骤如下。

① 初始化，搜索种群规模为 N，搜索空间为 K 维，即每个粒子表示一组目标分配方案，粒子 i 的位置可用式(4-11) 表示，其中 X_i^k 表示粒子 i 在第 k 维的位置。

$$\boldsymbol{X}_i=(X_i^1,\cdots,X_i^k,\cdots,X_i^K) \quad i=1,2,\cdots,N \tag{4-11}$$

② 计算个体质量 $M_i(t)$，在第 t 次迭代中个体的质量为

$$\begin{aligned} m_i(t) &= \frac{fit_i(t)-worst(t)}{best(t)-worst(t)} \quad i=1,2,\cdots,N \\ M_i(t) &= \frac{m_i(t)}{\sum_{i=1}^{N} m_i(t)} \quad 0 \leqslant M_i(t) < 1 \end{aligned} \tag{4-12}$$

式中，$m_i(t)$ 表示个体 i 的质量；$M_i(t)$ 是归一化后的个体质量；$fit_i(t)$ 表示个体 i 的目标函数值；$best(t)$ 和 $worst(t)$ 表示这一次迭代中所有个体的最优函数值和最差函数值，对最小化问题其定义为

$$best(t)=\min_{i=1}^{N}\{fit_i(t)\}$$
$$worst(t)=\max_{i=1}^{N}\{fit_i(t)\} \tag{4-13}$$

③ 计算引力作用，个体之间通过万有引力作用相互吸引产生运动，个体 j 对个体 i 的引力定义为

$$F_{ij}(t)=G(t)\frac{M_i(t)M_j(t)}{R_{ij}(t)+\varepsilon}(X_j-X_i) \tag{4-14}$$

式中，$R_{ij}(t)$ 表示个体 X_i 与 X_j 之间的欧式距离；ε 是较小常量，防止分母为 0 的情况发生；$G(t)$ 表示此时的引力常数，算法提出人 Rashedi 将其定义为

$$G(t)=G_0 e^{-\frac{\alpha t}{T}} \tag{4-15}$$

式中，T 表示最大迭代次数；t 表示当前迭代次数。

$G(t)$ 的作用是控制迭代步长，大的值表示个体可以进行长足的搜索，适宜于算法在前期探索整个搜索空间，尽可能跳出局部解；随着不断迭代，$G(t)$ 的值也不断变小，搜索步长越来越小，适宜于算法后期收敛到最优解。在实验过程中发现 $G(t)$ 会导致算法探索能力过快的下降，此处参考文献［214］进行改进，设置如下。

$$G_0=\beta\max_{k\in\{1,\cdots,K\}}(|X_u^k-X_l^k|)$$
$$G(t)=G_0(1-t/T) \tag{4-16}$$

式中，β 为重力比例系数；X_u^k、X_l^k 为搜索空间第 k 维的上限和下限，可有效控制算法收敛速度。

④ 根据牛顿运动定律，个体 j 对 i 的吸引而产生的引力加速度见式(4-17)。

$$a_{ij}(t)=\frac{F_i(t)}{M_i(t)}=G(t)\frac{M_j(t)}{R_{ij}(t)+\varepsilon}(X_j-X_i) \tag{4-17}$$

⑤ 计算合力加速度、速度及位置。控制变量 K_{best} 可有效控制粒子的速度使算法达到全局探索与局部开采的有效平衡，只有前 K_{best} 个适应值最好的个体产生引力，K_{best} 随时间递减，直至最后只有几个适应值最高的个体产生引力，控制算法收敛到最优解。合力加速度如式(4-18)，个体的速度及位置更新如式(4-19)。

$$a_i(t) = G(t) \sum_{j \in K_{\text{best}}} rand_j \frac{M_j(t)}{R_{ij}(t) + \varepsilon}(X_j - X_i) \tag{4-18}$$

$$\begin{aligned} V_i(t+1) &= rand_i V_i(t) + a_i(t) \\ X_i(t+1) &= X_i(t) + V_i(t+1) \end{aligned} \tag{4-19}$$

⑥ 若没达到最大迭代次数，转回第②步；否则停止计算。

GSA 具有良好的全局寻优能力，已有一定的实际应用[210-213]，但尚未应用在 WTA 问题上。因文中主要目的是将 GSA 改进为多目标优化算法并应用到 WTA 问题中，对单目标 GSA 只介绍其算法，利用单目标 GSA 求解 WTA 问题与应用 DPSO 解决 WTA 问题的应用类似，此处不展开。

4.2.3.2 基于 MOGSA 的模型求解

实现多目标引力搜索算法（Multi-Objective Gravitational Search Algorithm，MOGSA），也应用基于支配关系的比较机制和基于自适应网格的外部种群保存 Pareto 最优解集。其中的主要问题是要在多目标函数值与个体单一质量之间建立关系：文中模型有两个目标函数，而 MOGSA 的每个粒子只有一个质量作为适应值（fitness），如式(4-12）所示，单独使用其中一个目标函数作为适应值就失去了多目标优化的意义。此处借鉴多目标优化算法 NSGA-Ⅱ中根据个体间多个目标函数值的非支配关系为个体量化分级（rank）的思路[207,214]：定义不被任何粒子支配的个体分级 rank＝1，只被一个个体支配的个体集合分级 rank＝2，以此类推。

如图 4-4(a) 中所示是基于支配关系分级的算法伪代码，对于进化种群中的每个粒子 p 定义两个变量，集合 $\boldsymbol{DomSet}_p$ 存放被该粒子支配的粒子，变量 $\boldsymbol{DomedNum}_p$ 记录该粒子被支配的次数。梳理外部种群中的粒子支配关系，初始化粒子的这两个变量；如果一个粒子被支配次数为 0，则该粒子 $\text{rank}_p=1$，加入集合 $\boldsymbol{F}_1$；遍历等级 i 的非空粒子集合 $\boldsymbol{F}_i$，对于其中粒子 p 的粒子集合 $\boldsymbol{DomSet}_p$ 中的每个粒子 q，若 $\boldsymbol{DomedNum}_q$ 减 1 后 $\boldsymbol{DomedNum}_q=0$，则说明粒子 q 在当前只被粒子 p 支配，将粒子 q 等级设置为 $i+1$，存入 $i+1$ 等级的粒子集合 $\boldsymbol{F}_{i+1}$，以此类推则可完成进化种群的支配分级。某次仿真可得基于支配关系的分级如表 4-1 所示，区分度较好。其中 rank＝1 的个体集合就是 Pareto 最优解。

Non Dominated Ranking()

```
for each p ∈ Particles
    DomSet_p = ∅
    DomedNum_p = 0
    for each q ∈ Particles \ p
      if p ≻ q
            DomSet_p = DomSet_p ∪ {q}
      else if p ≺ q
            DomedNum_p = DomedNum_p + 1
      end
    end // for each q ∈ Particles \ p
    if DomedNum_p = 0
      rank_p = 1
      F_1 = F_1 ∪ {p}
    end
end // for each p ∈ Particles
i = 1
while F_i ≠ ∅
    Q = ∅
    for each p ∈ F_i
        for each q ∈ DomSet_p
            DomedNum_q = DomedNum_q − 1
            if DomedNum_q == 0
                rank_q = i + 1
                Q = Q ∪ {q}
            end // if
        end // for each q ∈ DomSet_p
    end // for each p ∈ F_i
    i = i + 1
    F_i = Q
end // while F_i ≠ ∅
```

(a) 支配关系分级算法伪代码

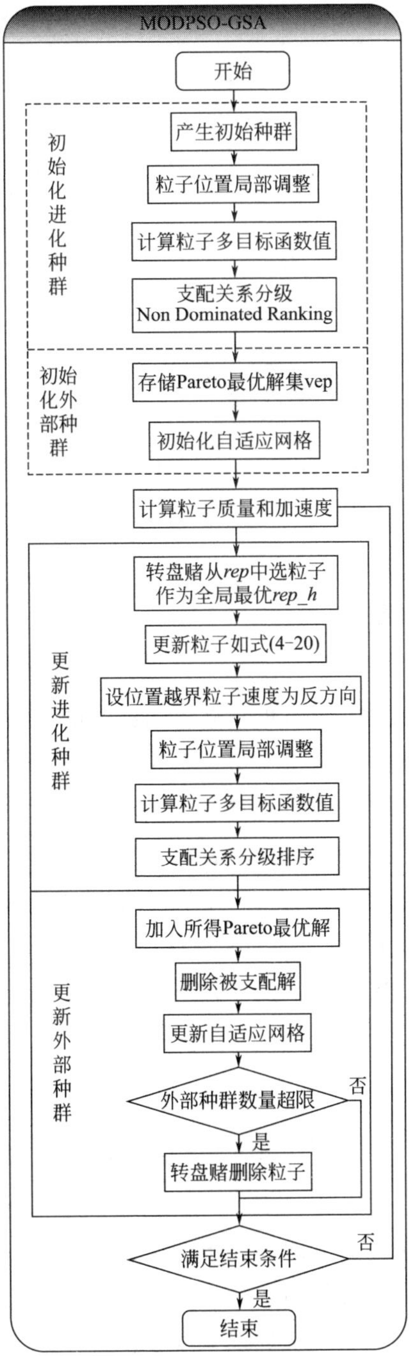

(b) 多目标优化算法流程

图 4-4 MODPSO-GSA 算法细节

表 4-1 基于支配关系分级得到粒子等级

分级	1	2	3	4	5	6	7
粒子	[14,17,32,54]	[15,31,49,58]	[11,12,52,7]	[33,18,2]	[39,4,35]	[51,21,34]	[43,48,36]
分级	8	9	10	11	12	13	14
粒子	[8,24]	[41,27]	[25]	[3]	[59]	[6]	[40]
分级	15	16	17	18	19	20	21
粒子	[60]	[19]	[47]	[13]	[16]	[26]	[30]
分级	22	23	24	25	26	27	28
粒子	[23]	[29]	[53]	[20]	[38]	[28]	[55]
分级	29	30	31	32	33	34	35
粒子	[22]	[5]	[57]	[50]	[1]	[9]	[45]
分级	36	37	38	39	40	41	
粒子	[10]	[44]	[56]	[42]	[46]	[37]	

4.2.4 基于 MODPSO-GSA 的模型求解

在具体应用中发现，MODPSO 收敛速度快，但易早熟收敛；MOGSA 表现出良好的求解空间探索能力，但缺乏有效加速机制。本书将二者结合，提出一种混合多目标离散粒子群优化-引力搜索算法 MODPSO-GSA，该混合多目标优化算法不是常见的串行混合结构，即一种算法的优化结果作为另一种算法的输入，而是采用一种协同进化的形式[215]：在迭代过程中两种算法同步运行，将 PSO 算法速度更新模型中的“社会部分”（即 gbest），与 GSA 算法的加速度结合起来，混合算法的更新部分如式(4-20) 所示。

$$
\begin{aligned}
&\boldsymbol{V}_i(t+1)=w\boldsymbol{V}_i(t)+c_1r_1\boldsymbol{a}_i(t)+c_2r_2(\boldsymbol{rep}_h-\boldsymbol{X}_i^t)\\
&\boldsymbol{V}_i\rightarrow\min[\max(V,-V_{\max}),+V_{\max}]\\
&\boldsymbol{X}_i^{t+1}=\boldsymbol{X}_i^t+\boldsymbol{V}_i(t+1)\\
&\boldsymbol{X}\rightarrow\min[\max(X,X_{\min}),X_{\max}]
\end{aligned}
\tag{4-20}
$$

式中，t 表示迭代步数；$\boldsymbol{a}_i(t)$ 表示 MOGSA 构造的粒子加速度；$V_{\max}$ 表示粒子速度限定；$X_{\min}$、$X_{\max}$ 分别表示粒子位置的最大、最小限定；其余变量均与式(4-10) 中变量意义相同。

在迭代过程中可能产生“非法”个体，如分配中遗漏敌机或分配过多导弹攻击某一目标。为尽量消除非法个体，进一步提高寻优效率，算法中对粒子位置（即分配方案）进行启发式局部调整 adjustX：对分配方案中超过杀伤概率的目标尝试删除冗余分配，摘除对该目标毁伤概率小的导弹分配，直至不满足该目标毁伤门限要求；对于未达到毁伤概率的目标尽量弥补，从未分配导弹中选择对于该目标毁伤概率大的导弹分配给该目标。MODPSO-GSA 算法结构流程如图 4-4(b) 所示。

4.2.5 算例仿真及分析

假设在对敌作战中，为突出编队作战的协同性，验证所建模型和求解算法有效性，某一空战时刻我方接敌编队有 4 架战机 A1～A4，各挂载 4 枚导弹，其对应编号如表 4-2 所示；敌编队有 10 架战机。

表 4-2 我方战机对应导弹编号

战机编号	战机挂载导弹	战机编号	战机挂载导弹
A1	M1～M4	A3	M9～M12
A2	M5～M8	A4	M13～M16

编队队形此处不详述，算例中我导弹对目标的态势优势矩阵[70]为

$$
\boldsymbol{P}=\begin{array}{c}
 \\ 1\\2\\3\\4\\5\\6\\7\\8\\9\\10\\11\\12\\13\\14\\15\\16
\end{array}
\begin{array}{c}
\begin{array}{cccccccccc}
1 & 2 & 3 & 4 & 5 & 6 & 7 & 8 & 9 & 10
\end{array}\\
\begin{bmatrix}
0.54 & 0.83 & 0.90 & 0.88 & 0.75 & 0.66 & 0.86 & 0.81 & 0.77 & 0.63\\
0.75 & 0.82 & 0.90 & 0.77 & 0.90 & 0.79 & 0.81 & 0.65 & 0.59 & 0.82\\
0.81 & 0.75 & 0.87 & 0.53 & 0.80 & 0.90 & 0.61 & 0.80 & 0.73 & 0.81\\
0.85 & 0.80 & 0.91 & 0.85 & 0.85 & 0.84 & 0.59 & 0.77 & 0.64 & 0.66\\
0.70 & 0.72 & 0.73 & 0.89 & 0.77 & 0.67 & 0.85 & 0.68 & 0.85 & 0.83\\
0.83 & 0.59 & 0.55 & 0.91 & 0.56 & 0.73 & 0.63 & 0.88 & 0.77 & 0.65\\
0.85 & 0.84 & 0.59 & 0.77 & 0.86 & 0.85 & 0.78 & 0.66 & 0.61 & 0.77\\
0.80 & 0.73 & 0.61 & 0.90 & 0.89 & 0.66 & 0.78 & 0.91 & 0.84 & 0.57\\
0.67 & 0.64 & 0.85 & 0.88 & 0.56 & 0.73 & 0.63 & 0.88 & 0.81 & 0.56\\
0.83 & 0.85 & 0.89 & 0.81 & 0.72 & 0.73 & 0.89 & 0.77 & 0.92 & 0.66\\
0.84 & 0.89 & 0.77 & 0.88 & 0.57 & 0.77 & 0.82 & 0.79 & 0.81 & 0.65\\
0.86 & 0.85 & 0.88 & 0.66 & 0.85 & 0.88 & 0.56 & 0.73 & 0.63 & 0.84\\
0.65 & 0.71 & 0.81 & 0.56 & 0.77 & 0.86 & 0.85 & 0.71 & 0.66 & 0.61\\
0.89 & 0.86 & 0.78 & 0.66 & 0.85 & 0.80 & 0.64 & 0.85 & 0.85 & 0.84\\
0.56 & 0.73 & 0.63 & 0.88 & 0.59 & 0.77 & 0.86 & 0.85 & 0.71 & 0.87\\
0.90 & 0.67 & 0.82 & 0.68 & 0.61 & 0.80 & 0.89 & 0.88 & 0.78 & 0.66
\end{bmatrix}
\end{array}
\tag{4-21}
$$

设敌方战机的威胁权重矩阵为 $\boldsymbol{th}_{RB}=[0.6\ \ 0.7\ \ 0.3\ \ 0.5\ \ 0.6\ \ 0.35\ \ 0.65\ \ 0.55\ \ 0.4\ \ 0.75]$，各目标的毁伤概率门限可由指挥员设定，此处设置各目标的毁伤概率门限 $\boldsymbol{PK}_{B_j}=0.9$，$j=1$，…，10。

仿真中同时采用四种多目标优化算法 NSGA-Ⅱ、MODPSO、MOGSA、MODPSO-GSA 求解算例以对比模型性能。进化种群规模均取 60，最大迭代次数设置为 100。NSGA-Ⅱ中进化种群与外部种群是合一的，采用二元竞赛图选择算子，交叉算子采用多点交叉，交叉概率 $P_c=0.8$，变异概率 $P_m=0.3$；MODPSO、MOGSA、MODPSO-GSA 的外部种群规模为 10。MODPSO 中基本参数 $w_{max}=0.9$，$w_{min}=0.4$，$c_1=c_2=1.494$，多目标参数中外部种群删除系数 $\gamma=2$，外部种群选优系数 $\beta=4$，网格设置为 10×10；经参数敏感度分析，MOGSA 中重力比例参数 $\beta=10$，MODPSO-GSA 采用 MODPSO 和 MOGSA 中的参数设置。

仿真结果如图 4-5 所示，横坐标 $E(\pi)$ 表示目标函数一，即一次攻击后敌剩余期望态势优势；纵坐标 $N(\pi)$ 表示目标函数二，即一次攻击消耗导弹数量。为增强直观性将各算法寻到的 Pareto 最优解连接起来。NSGA-Ⅱ收敛于寻到的 Pareto 最优解集；MODPSO 寻到的 Pareto 最优解如图中连

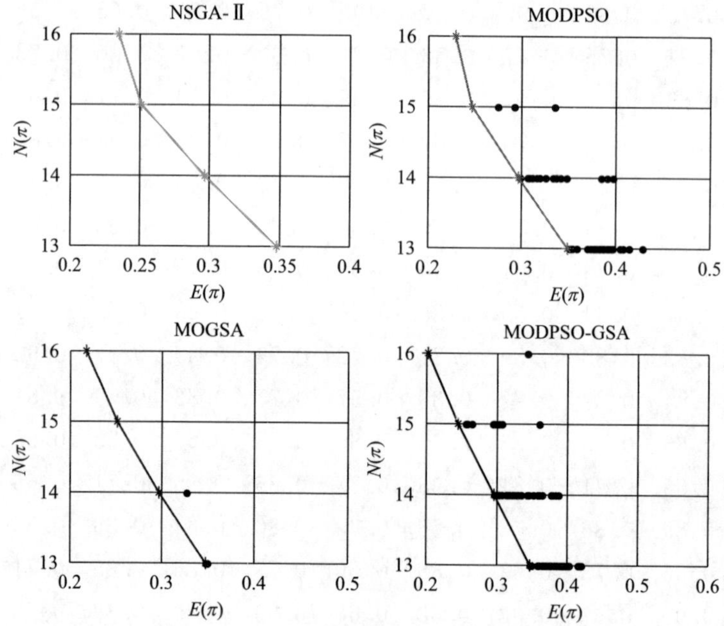

图 4-5 四种算法迭代结束状态

线所示，进化种群如图中点集，由此可见其多样性较好；MOGSA 迭代后基本收敛到 Pareto 最优解集；MODPSO-GSA 进化种群如图 4-5 中点集所示，寻到的 Pareto 最优解集如图 4-5 中连线所示。由此可知，MODPSO-GSA 具备较好的寻优能力且粒子多样性得到了保持。将四种多目标优化算法寻到的 Pareto 前沿进行比较，如图 4-6 所示，MODPSO-GSA 体现出最好的寻优性能。

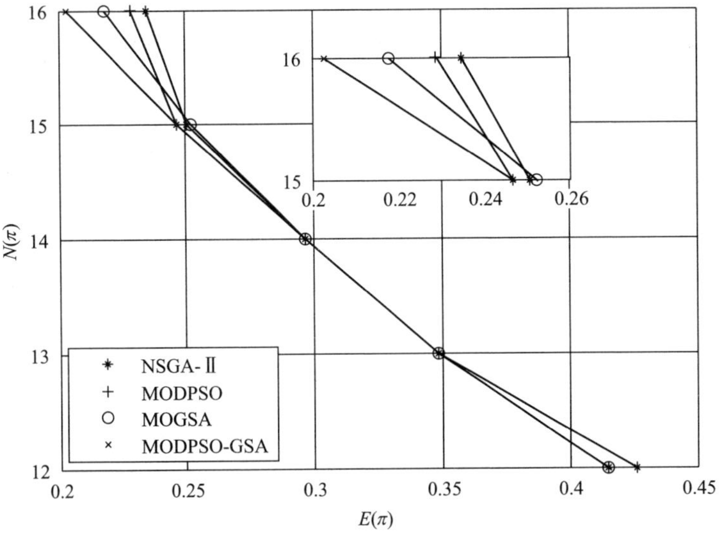

图 4-6　四种算法迭代结果

由仿真结果可知：第一，耗弹量为 13、14 的分配方案是每种多目标优化分配算法都能寻到的稳定分配，利用单目标 WTA 模型验证可知亦是该耗弹量下的最优分配，证明了多目标优化的有效性；第二，采用多目标优化算法可一次运行寻得多个在不同耗弹量下的最优目标分配，能达到预设的目标毁伤概率，指挥员可根据空战态势进行分配方案优选，这更符合空战实际情况；第三，MODPSO-GSA 的寻优性能是稳定的并优于其他进化多目标优化算法，控制变量 K_{best} 控制产生引力的粒子个数随时间递减，直至最后只有几个适应值最高的个体产生引力，极好地保持了 PSO 的快速寻优能力，时间性能有所保证。

图 4-7 所示是 MODPSO-GSA 寻到的 4 个分配方案达到的毁伤效果及其武器目标分配方案，图中同时标示出了每个分配方案下的敌总期望剩余威胁和我方用弹量。4 种方案均是可行分配，指挥员可根据不同的战场态势进行决策。

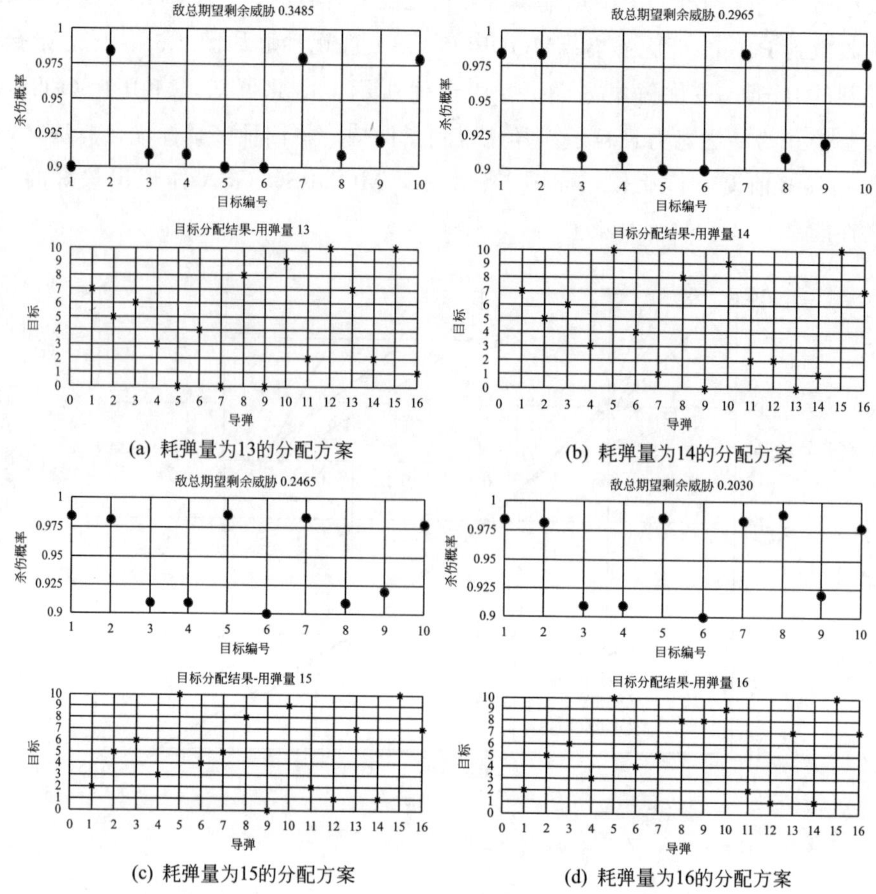

图 4-7 不同耗弹量下的毁伤效果及分配方案

进一步检验 MODPSO-GSA 稳定性，将文中所用的 4 种多目标优化算法均运行 20 次统计，平均性能如表 4-3 所示，可见 MODPSO-GSA 具备最好的综合性能。

表 4-3 平均性能对比

算法名称	不同耗弹量下的平均敌方剩余威胁				平均时间/s
	13	14	15	16	
NSGA-Ⅱ	0.3485	0.2965	0.2492	0.2069	56.420
MODPSO	0.3490	0.2966	0.2504	0.2148	2.2496
MOGSA	0.3497	0.2965	0.2519	0.2150	3.1537
MODPSO-GSA	0.3485	0.2965	0.2480	0.2049	4.5821

4.2.6 结论分析

① 构建多目标决策模型，选取对敌杀伤效果最大和消耗火力资源最小作为决策目标，提出新的目标分配模型，模型具备直观性。

② 提出基于多目标优化算法，即混合离散粒子群优化-引力搜索算法 MODPSO-GSA 求解所建多目标决策模型，展现了算法良好的寻优能力。

③ 进化多目标优化的优势在于一次运行可得到多个 Pareto 最优解，在文中模型可在满足毁伤门限的前提下，寻到多个不同耗弹量下的最优分配方案，指挥员可根据不同空战态势决策优先，具备实战意义。

④ 本节所提出的多目标优化算法属于集中式 WTA 方式，对通信及指控中心依赖性强，当空战态势剧烈变化或通信质量难以保证时仍有待改进。

4.3 基于改进一致性组合拍卖算法的分布式重分配

根据 4.1 节分析可知，高动态复杂战场环境下，前出作战编队也要有一定的自主决策能力，而且要具备较高实时性，在遇到突发情况，如新目标出现或我方战机被击毁的时候，在时间紧迫的动态战场环境中能够进行任务重分配，有效响应突发事件（威胁），同时不与原分配产生较大的背离。分布式武器目标分配决策也是作战指挥不可缺少的一种决策方式。

由 1.2.2.2 节中分析可知，现有分布式的决策模型没有完全发挥出网内智能体的自主性，其协同机制的设计对智能体的自主性产生压制，而且对算法的验证均不是在分布式智能体环境中进行的，验证可信度不高。

针对现有分布式决策方法的不足，本节介绍了一种基于改进一致性组合拍卖算法（Consensus-Based Bundle Algorithm，CBBA）的分布式协同空战攻击决策模型，各战机根据自身局部态势利用贪婪算法构造并维护一个目标拍卖组合[216]，在完全分布式的环境下通过基于行为规则的协商充分发挥战机成员的自主性，两两协商达到攻击方案的一致，达到目标分配方案的一致。该方法在智能体仿真环境 NetLogo 对模型进行了仿真验证，可信度较高。

4.3.1 武器目标分配建模

目标函数的建模采用单目标优化，变量定义与 4.2.1.3 节基于多目标优化的 WTA 模型中定义相似：我方机群 R 由 M 架战机组成，$R=\{i,i=1,2,\cdots,M\}$，所挂载导弹集合 $\mathbf{A}=\{A_1,A_2,\cdots,A_r,\cdots,A_K\}$，导弹总数为 K；敌方机群 B 由 N 架飞机组成，$B=\{j,j=1,2,\cdots,N\}$；定义我方导弹集 $\mathbf{A}$ 中第 r 枚导弹 A_r 攻击敌机 B_j 为 $A_r \to B_j$，对敌机 B_j 的摧毁概率 th_{rB_j}，若将导弹 A_r 分配攻击敌机 B_j，则敌机以概率 $1-th_{rB_j}$ 生存，X_{rB_j} 为二值函数如式(4-22) 所示。

$$X_{rB_j}=\begin{cases}1 & A_r \to B_j \\ 0 & \neg(A_r \to B_j)\end{cases} \tag{4-22}$$

以一次目标分配后毁伤效能越大越好为目标函数，构造目标决策函数为

$$E(\pi)=\max_{\pi \in \Omega}\sum_{j=1}^{N}W_j\left[1-\prod_{r=1}^{K}(1-th_{rB_j})^{X_{rB_j}}\right]$$
$$\text{s.t.} \tag{4-23}$$
$$\sum_{j=1}^{N}X_{iB_j}\leqslant 1 \quad i=1,2,\cdots,K$$

式中，Ω 为导弹-目标分配空间。

4.3.2 基于贪婪算法构造目标拍卖组合

拍卖是分布式系统进行任务分配时的常用技术，组合拍卖（Combination or Bundle Auction，CA or BA）[217]是多物品拍卖的一种，指参加拍卖的竞标者一次性对一组物品组合进行投标，而不是一个一个地投标，解决组合资源分派的问题。

现有基于（组合）拍卖的分配算法是在每一轮竞拍前构造战机能够投标的所有目标组合构成组合空间，各战机按照预设的竞拍顺序从组合空间中选择攻击方案，执行多轮竞拍直至达到时间约束或其他限制条件。这种目标组

合构造方法时间复杂度和空间复杂度均较高，对机载火控系统的计算和存储能力提出较高要求，尤其目标较多时会造成组合空间的膨胀。

这里采取的办法是每个战机 agent i 根据自身的局部态势信息及剩余载弹量 A_i' 的限制，考虑当下时刻不在其拍卖组合中的目标集 B'，若该战机对于某目标造成的毁伤效能大于该战机记录中获胜投标者造成的毁伤效能，则加入拍卖组合 C_i。如此利用贪婪算法构造目标组合的伪代码如图 4-8 所示，空战中各战机 agent 通过数据链实现信息交互，智能体中维护的相关数据结构如表 4-4 所示。

```
procedure  combination_add
    len = length(C_i)
    while  len < A_i
        Ind = arg max      W_j th_iBj
              j\bid s in i
        if W_ind th_i,ind > wScores(ind)
            C_i(len + 1) = Ind
            Scores_i(len + 1) = W_ind th_i,ind
            winners(ind) = i
            wScores(ind) = W_ind th_i,ind
        end if
    end  while
end  procedure
```

图 4-8　贪婪算法构造目标组合伪代码

表 4-4　战机智能体主要维护的数据结构

数组	含义	维度
C_i	依据贪婪算法构造的目标组合	A_i
$Scores_i$	C_i 中每个目标的毁伤优势	A_i
winners	目标的竞胜者向量	N
wScores	目标竞胜者的投标向量	N
t	时间戳	M

4.3.3　基于行为规则的协商机制

战机的协商过程应是各战机 agent 的自发行为，在完全分布式环境下只要能通信的节点之间都根据协议进行协商。参考 CBBA，此处采用基于行为规则的协商机制，该协商机制中不需要预先制定拍卖顺序，能通信的战机之间自主交互投标信息，接收消息的智能体根据战机加载的行为规则，更新自己的拍卖组合信息。

基于行为规则的协商协议如表 4-5 所示，智能体 agent i 收到来自智能体 agent k 的消息后，根据不同的行为规则对其维护的竞胜者向量 winners 和竞胜者标的向量 wScores 采取更新、重置操作，如对于智能体 agent k 的消息中关于目标 j 的信息可采取的操作如下。

更新操作：$\text{winners}_j^i=\text{winners}_j^k$，$\text{wScores}_j^i=\text{wScores}_j^k$

重置操作：$\text{winners}_j^i=0$，$\text{wScores}_j^i=0$

更新操作表示更改接收智能体 agent i 的中标者为消息发送者中的智能体；重置操作则将智能体 agent i 中的中标者目标的中标信息重置；winners_j^i 表示智能体 agent i 中记录目标 j 的中标者；wScores_j^i 表示智能体 agent i 中记录目标 j 中标者的投标；t_m^k 表示 agent k 中记录的最近一次与 agent m 协商的时间。

若用无向图作为通信网络，只要网络中存在最小生成树，即任意两个 agent i，k 之间有限步数内可达，则改进算法最差可在 DN_t 时间内达到收敛，其中 D 为网络直径，N_t 为目标数量，证明从略。

表 4-5　对于敌机 j 双方通信协商协议

winners_j^k	winners_j^i	agent i 操作
k	i	$\text{wScores}_j^k>\text{wScores}_j^i\rightarrow$更新
	$k\cup\phi$	更新
	$m\notin(k,i)$	$\text{wScores}_j^k>\text{wScores}_j^i\cup t_m^k>t_m^i\rightarrow$更新
i	k	重置
	$m\notin(k,i)$	$t_m^k>t_m^i\rightarrow$重置
$m\notin(k,i)$	i	$\text{wScores}_j^k>\text{wScores}_j^i\cap t_m^k>t_m^i\rightarrow$更新
	k	$t_m^k>t_m^i\rightarrow$更新，$t_m^k\leqslant t_m^i\rightarrow$重置
	m	$t_m^k>t_m^i\rightarrow$更新
	$n\notin(k,i,m)$	$t_n^k>t_n^i\cap t_m^k\geqslant t_m^i\rightarrow$更新 $t_n^k>t_n^i\cap t_m^k<t_m^i\rightarrow$重置 $\text{wScores}_j^k>\text{wScores}_j^i\cup t_m^k>t_m^i\rightarrow$更新
ϕ	k	更新
	$m\notin(k,i)$	$t_m^k>t_m^i\rightarrow$更新

4.3.4 算法流程

将战机编队中每架战机视为一个智能体（agent），然后在完全分布式的环境下两两战机通过基于行为规则的协商达到攻击方案的一致。具体算法可描述如下。

第一步：各战机 agent 利用贪婪算法构造目标拍卖组合 C_i，并更新该智能体中维护的数据结构。

第二步：各战机 agent 通过数据链相互通信，根据接到的消息，基于行为规则的协商协议更新竞胜者信息，协商协议如表 4-5 所示。

第三步：经过一次协商后，agent i 根据竞胜者记录更新目标拍卖组合，对于原目标拍卖组合中的目标 j，若智能体中记录的竞胜者 $winners_j^i$ 不是 agent i，则将该目标从 agent i 的目标拍卖组合中去掉。

第四步：若 agent i 的目标组合没有超出载弹量 A_i' 的限制，则对于不在目标拍卖组合中的目标集合继续基于贪婪算法进行补充，直到目标组合达到载荷。

第五步：若攻击方案没有达成一致，则转至第一步，否则停止即可。

4.3.5 基于 Netlogo 的仿真验证

为验证算法求解攻击决策问题的有效性，采用相关文献［75］中算例进行验证，我方战机编队 4 架接敌战机各挂载 4 枚导弹，采取协同空战战术，挂载关系如表 4-6 所示；某时刻发现敌机编队 10 个敌机目标。

表 4-6 我机编队导弹编号

战机编号	挂载导弹	战机编号	挂载导弹
A1	M1～M4	A3	M9～M12
A2	M5～M8	A4	M13～M16

为充分发挥分布式环境下智能体的自主性，在分布式智能体环境 NetLogo 中进行仿真。NetLogo 是一个复杂系统仿真工具，特别适合对随时间演化的复杂系统进行建模，各智能体（agent）独立运行，可充分发挥智能体的自主性特点。

我战机对目标的优势矩阵为

$$
\boldsymbol{P}=\begin{matrix} & T_1 & T_2 & T_3 & T_4 & T_5 & T_6 & T_7 & T_8 & T_9 & T_{10} \\ \begin{matrix} J_1 \\ J_2 \\ J_3 \\ J_4 \end{matrix} & \multicolumn{10}{c}{\begin{bmatrix} 0.54 & 0.83 & 0.90 & 0.88 & 0.75 & 0.66 & 0.86 & 0.81 & 0.77 & 0.63 \\ 0.70 & 0.72 & 0.73 & 0.89 & 0.77 & 0.67 & 0.85 & 0.68 & 0.85 & 0.83 \\ 0.67 & 0.64 & 0.85 & 0.88 & 0.56 & 0.73 & 0.63 & 0.88 & 0.81 & 0.56 \\ 0.65 & 0.71 & 0.81 & 0.56 & 0.77 & 0.86 & 0.85 & 0.71 & 0.66 & 0.61 \end{bmatrix}} \end{matrix} \tag{4-24}
$$

设定敌方各战机威胁权重矩阵 $\boldsymbol{W}=[0.6\quad 0.7\quad 0.3\quad 0.5\quad 0.6\quad 0.35\quad 0.65\quad 0.55\quad 0.4\quad 0.75]$。

用 NetLogo 实现算法模型运行界面见图 4-9，代码实现见本书附录；利

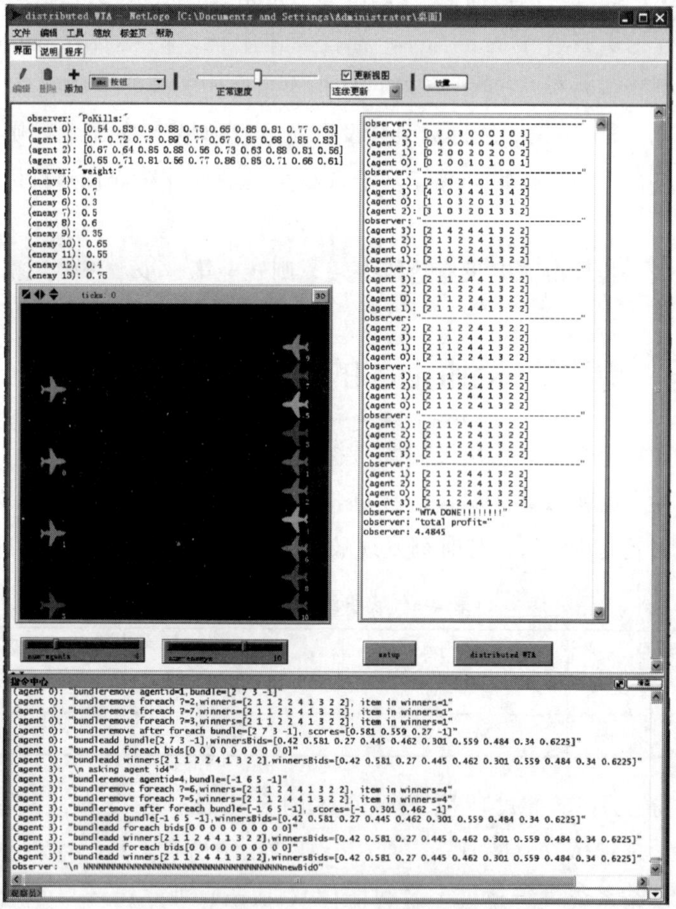

图 4-9　基于 NetLogo 运行界面

用 Matlab 仿真文中算法、文献［70］中的 SA-DPSO 算法、4.2 节所提 MODPSO-GSA 算法对该火力分配问题进行仿真对比。本节提出的算法的 NetLogo 实现、Matlab 实现以对每个目标分配一枚导弹为例；SA-DPSO、MODPSO-GSA 中的参数均采取原文献中的设置。SA-DPSO 所得结果为导弹的全分配；MODPSO-GSA 为多目标优化算法，可同时得到多个不同耗弹量分配方案解集供指挥员决策参考。算法的效能对比如表 4-7 所示，通过对比可知，改进算法 NetLogo 实现的时间效率高，实时性好，毁伤效能较高，求解的目标分配方案及对敌毁伤效果如图 4-10 所示。

表 4-7 算法毁伤效能及时间性能对比

指标	NetLogo	Matlab	SA-DPSO	MODPSO-GSA					
耗弹量	10	10	16	10	11	12	13	14	15
毁伤效能	4.485	4.468	4.912	4.46	4.593	4.699	4.798	4.882	4.953
时间效率	0.1905s	0.39s	4.46s	4.8952s					

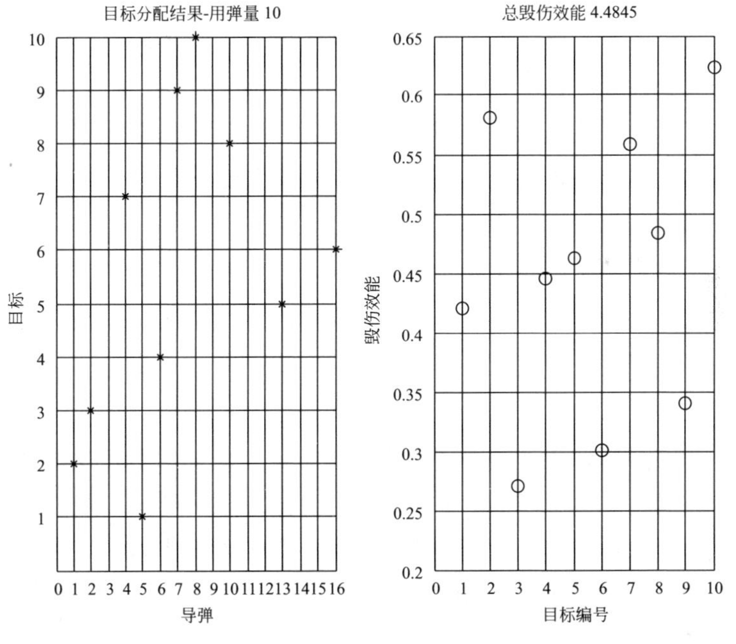

图 4-10 分布式算法的分配方案及对敌毁伤结果

该分布式算法中各战机根据自身局部态势评估构造一个目标组合投标，不需要构造所有可能的攻击方案作为投标空间，智能体的计算量较小；智能体在完全分布式环境中通过基于行为准则的协商达成攻击方案的一致，不需要中心节点，没有担任“招标者”角色的 agent，没有预先生成拍卖顺序及任何时刻只能有一个拍卖（招标）智能体的限制；在 Netlogo 仿真环境中验证算法有效性，均充分发挥智能体的自主性，该分布式重分配算法具有有效性。

4.4 视距内基于 PSO 二级加权的小编队空战攻击决策

4.4.1 问题描述

空战演练表明，现代视距内空战很难保持 4 架飞机以上的编队作战。大机群相遇很快会分解为双机对双机或最多 4 机对 4 机的小编队空战。在现代作战条件下，武器装备性能的革新大大提高了空空导弹“发现即摧毁”的概率，视距内空战将主要以近距空空导弹互射为主要作战模式，航炮主要用于在空空导弹的最小射程内填补盲区和对地攻击。

以视距内小编队协同空战为作战背景，研究近距红外空空导弹互射对抗条件下的武器目标分配决策。该阶段空战对抗性非常明显，对实时性要求较高，因此基于证据理论构造各态势基本可信数函数，并用 PSO 算法实时求取变权值进行二级加权：在计算单机对单机作战收益时，用 PSO 对态势评估因素的权重寻优；在计算编队级作战决策收益时，用 PSO 对各单机作战策略的权重寻优，然后以多因子加权信息融合方式计算编队级决策的收益进行编队级决策。仿真实验表明，该空战决策模型是可信和有效的，而且满足实时性要求，并用博弈论双矩阵对策验证模型有效性[218]。

4.4.2 构造态势基本可信数函数

视距内空战攻击决策的主要依据是空战态势评估和双方的机载武器性

能，态势评估考虑的因素一般包括目标类型、相对几何关系（距离、角度）、速度、武器性能等[219]。机载武器性能包括挂载空空导弹、机载火控性能及载机的机动性等。为直观验证算法有效性此处只考虑交战双方的距离、角度和速度三个态势因素，构造各因素的基本可信度函数[219]，给出敌我双方相对态势的定量描述。

4.4.2.1 距离因素

根据敌我距离 d 建立距离优势函数，定义攻击有效性，即本机 p 攻击敌机 t 时能获得的收益为

$$m_{pt}^{d}(a)=\frac{0.8438-0.2062}{8-2}(8-d)+0.2062 \tag{4-25}$$

定义攻击不确定性为

$$m_{pt}^{d}(b)=0.1-0.02|5-d| \tag{4-26}$$

定义攻击无效性证据，即本机 p 与某一敌机 t 作战时将要付出的代价为

$$m_{pt}^{d}(\theta)=1-m_{pt}(a)-m_{pt}(b) \tag{4-27}$$

可得距离因素可信数函数曲线如图 4-11 所示。

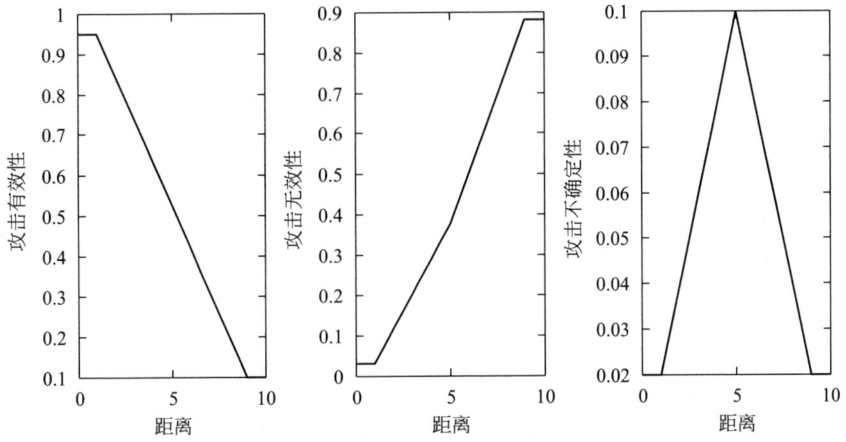

图 4-11 距离态势可信数函数曲线

4.4.2.2 速度因素

根据敌我双方相对初速度 $v=v_p-v_t$ 建立速度优势函数，定义攻击有效性基本可信数为

$$m_{pt}^{v}(a)=\frac{0.89-0.09}{200}(v_p-v_t+100)+0.09 \tag{4-28}$$

攻击不确定性为

$$m_{\mathrm{pt}}^{\mathrm{v}}(\theta)=0.2-\frac{0.2}{100}abs(v_{\mathrm{p}}-v_{\mathrm{t}}) \tag{4-29}$$

攻击无效性为

$$m_{\mathrm{pt}}^{\mathrm{v}}(b)=1-m_{\mathrm{pt}}^{\mathrm{v}}(a)-m_{\mathrm{pt}}^{\mathrm{v}}(\theta) \tag{4-30}$$

式中，v_{p}表示我方战机速度；v_{t}表示敌战机速度。速度态势可信数定义的函数曲线如图 4-12 所示。

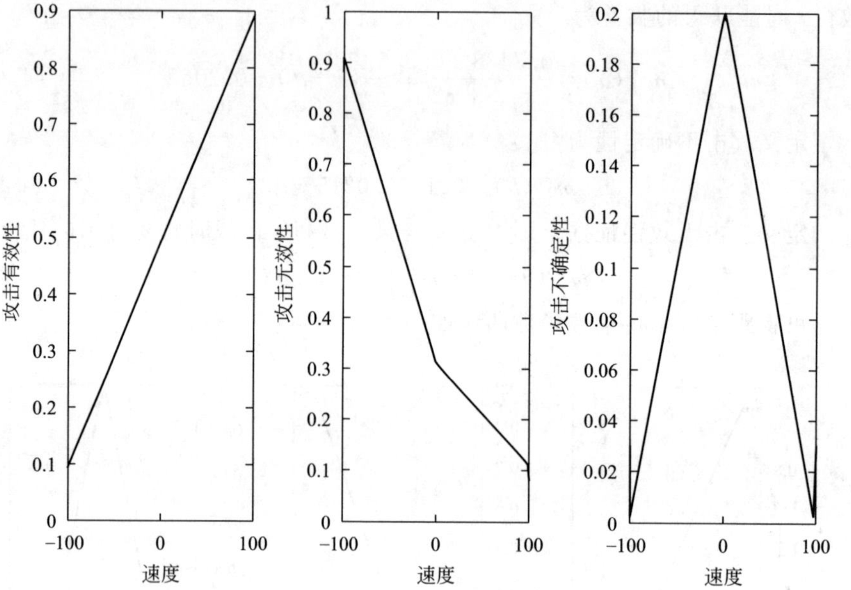

图 4-12　速度态势可信数定义的函数曲线

4.4.2.3　角度因素

空战双方角度态势如图 4-13 所示，α_{p}、α_{t}分别是我方战机速度矢量与目标视线的夹角、敌方战机速度矢量与目标视线的夹角[220]。

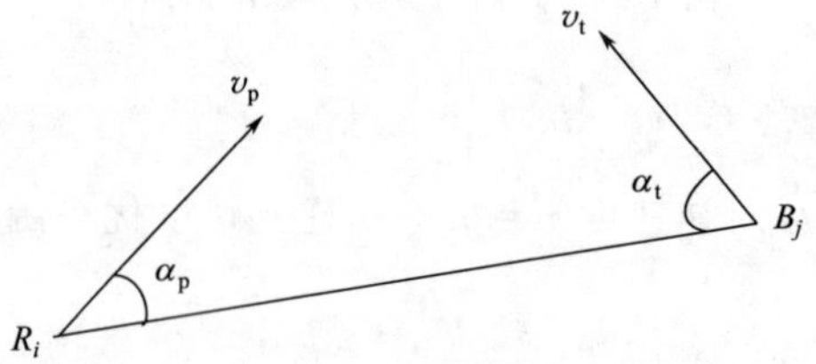

图 4-13　空战双方角度态势

定义攻击有效性为

$$m_{pt}^{\alpha}(a)=\frac{0.99-0.01}{360}(180+\alpha_t-\alpha_p)+0.01 \tag{4-31}$$

攻击不确定性为

$$m_{pt}^{\alpha}(b)=0.15(1-\frac{|\alpha_t-\alpha_p|}{180}) \tag{4-32}$$

攻击无效性为

$$m_{pt}^{\alpha}(\theta)=1-m_{pt}^{\alpha}(a)-m_{pt}^{\alpha}(b) \tag{4-33}$$

则角度因素可信数定义的函数曲线如图 4-14 所示。

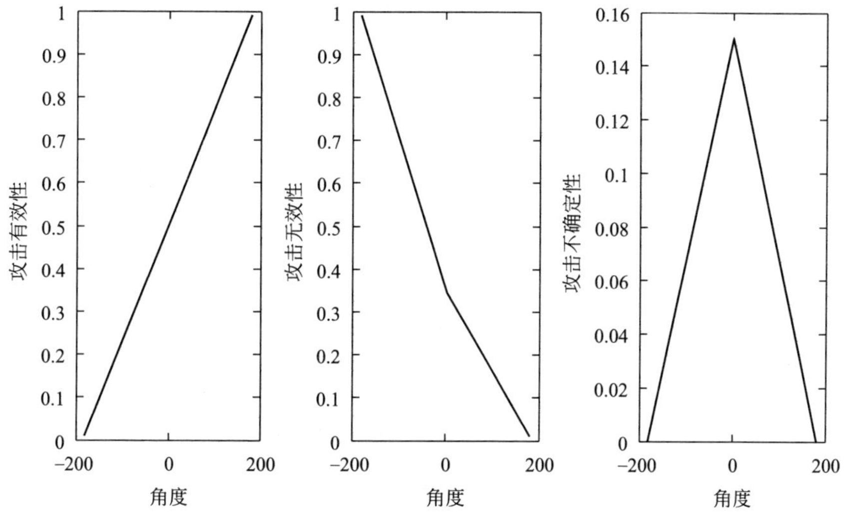

图 4-14　角度因素可信度定义的函数曲线

4.4.3　基于 PSO 二级加权的攻击决策

攻击决策算法流程如图 4-15 所示，第一级加权计算的是单机对单机作战可获得的收益，如分配我战机 R_1 对敌战机 B_1 作战时，将各评估因素收益加权计算单机级收益。结合 4.4.2 节中所构造的收益函数，建立收益评估函数如式(4-34) 所示。

$$S_{pt}=k_d m_{pt}^{d}+k_v m_{pt}^{v}+k_a m_{pt}^{\alpha} \tag{4-34}$$

式中，k_d、k_v、k_a分别表示距离、速度和角度优势因素的权重，$k_d+k_v+k_a=1$。权重计算采用主客观综合赋权法，客观权重是 PSO 算法实时寻优得到，随空战态势变化实时调节态势因素的权值，具体算法参见 3.2.4 节，然后将客观权重与主观权重相结合。实战中可以根据具体情况增加其他相对参数完善优势函数，如武器装备性能等，更全面地评估双方的态势。

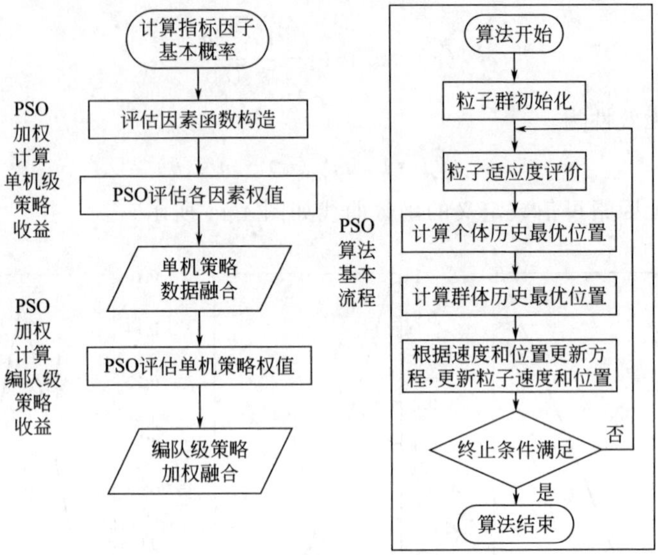

图 4-15　基于 PSO 优化加权信息融合的攻击决策流程

第二级加权是在计算编队级决策时将各单机策略收益加权信息融合，如编队级决策 $\boldsymbol{\lambda}_1=[(R_1,B_1),(R_2,B_2),(R_3,B_3)]$，其对应的 3 个单机策略为$(R_1,B_1),(R_2,B_2),(R_3,B_3)$，将这三个单机策略的收益加权计算即可得到编队级决策收益，各单机策略的权重也用 PSO 算法优化计算。编队级决策收益函数可表示为

$$F_{\boldsymbol{\lambda}_i}=\sum_{(p,t)\in\boldsymbol{\lambda}_i} m_{\mathrm{pt}}S_{\mathrm{pt}} \tag{4-35}$$

式中，$\boldsymbol{\lambda}_i$表示编队决策；$(p,t)\in\boldsymbol{\lambda}_i$表示编队决策内的单机策略；$m_{\mathrm{pt}}$表示单机策略权重；$S_{\mathrm{pt}}$表示该单机策略可获得的收益。

利用 PSO 对权重进行快速寻优可提高算法的适应性，PSO 算法细节可见 3.2.4.1 节，权重寻优算法可参考 3.2.4.2 节。基于二级加权信息融合的攻击决策具体算法如下。

步骤 1：设定 PSO 算法参数。加权系数 $w=0.7298$，学习因子 $c_1=1.4962$，学习因子 $c_2=1.4962$，迭代次数 $N=30$，群体规模 $M=10$。

步骤 2：计算单机策略优势，在每个决策时刻，用 PSO 算法快速求解评估因素权值，对各评估因子进行加权信息融合，可得分配我方战机 R_1 对敌战机 B_1 作战的收益。

步骤 3：在得到每个单机策略优势值后，对于每个可能的编队级作战决策 $\boldsymbol{\lambda}_i$，将对应的单机策略进行加权数据融合，其中每个单机策略的权重也用 PSO 算法寻优得到。

4.4.4 仿真算例

空战态势设定为视距内空战过程中敌我双方 4 机对 4 机的小编队作战，敌我各损一战机，某时刻为我方 3 架战机对敌方 3 架战机的作战，初始视距内空战态势如图 4-16 所示，初始各战机之间态势数据如表 4-8 所示，其中 d 为敌我双方的距离，$v=v_{\mathrm{p}}-v_{\mathrm{t}}$，$a=\alpha_{\mathrm{t}}-\alpha_{\mathrm{p}}$，空战双方高度在接敌阈值内。

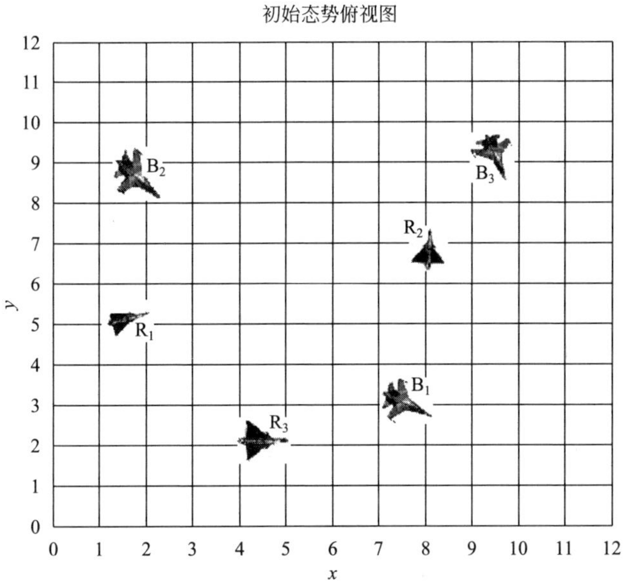

图 4-16　初始视距内空战想定

表 4-8　战机初始空间态势数据

态势参数	R_1—B_1	R_1—B_2	R_1—B_3	R_2—B_1	R_2—B_2	R_2—B_3	R_3—B_1	R_3—B_2	R_3—B_3
d/km	8	3	9	3	7	4	4	9	10
v/(m/s)	−100	−25	25	−125	−75	−25	−50	25	75
a/(°)	90	−10	70	−80	−80	10	120	−80	0

续表

态势参数	B_1—R_1	B_1—R_2	B_1—R_3	B_2—R_1	B_2—R_2	B_2—R_3	B_3—R_1	B_3—R_2	B_3—R_3
d/km	8	3	4	3	7	9	9	4	10
v/(m/s)	100	125	50	25	75	−25	−25	25	−75
a/(°)	−90	80	−120	10	80	80	−90	−10	0

根据距离、速度、角度的态势基本可信数函数分别计算其态势，利用PSO算法对每个单机策略的三个态势因素权重寻优并加权计算，得到每个单机策略收益。以 R_1－B_1 为例，PSO对各态势因素权值寻优曲线见图4-17(a)，算法基本实时达到收敛状态，将其态势因子加权融合即可得战机 R_1 对敌机 B_1 的态势优势值，我方每个单机作战策略的基本可信度如表4-9所示。

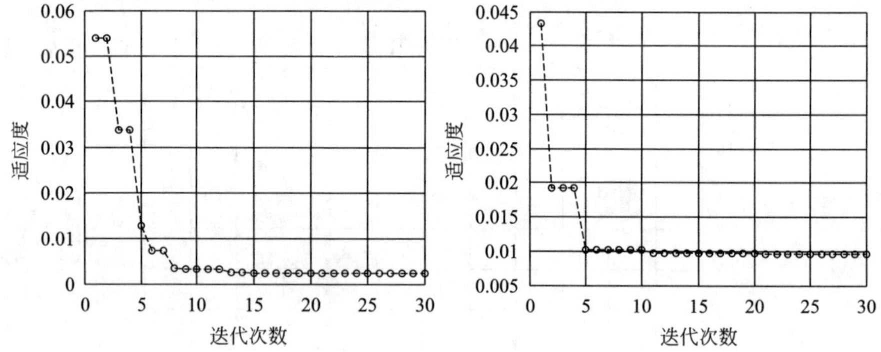

(a) R_1—B_1态势权值PSO寻优曲线　　(b) 编队决策各单机策略权值PSO寻优曲线

图4-17　PSO寻优曲线

表4-9　我方每个单机作战策略的基本可信度

态势因素	R_1—B_1	R_1—B_2	R_1—B_3	R_2—B_1	R_2—B_2	R_2—B_3	R_3—B_1	R_3—B_2	R_3—B_3
有效性	0.3325	0.5174	0.519	0.3569	0.2643	0.5119	0.5733	0.3403	0.4956
无效性	0.6292	0.3608	0.3807	0.5989	0.6707	0.3626	0.3486	0.5702	0.4156
不确定性	0.0382	0.1218	0.1003	0.0442	0.0651	0.1255	0.0781	0.0895	0.0889

进行编队级策略加权计算时，在小编队范围内若只考虑单机对单机作战，我方可采取的编队决策集合如式(4-36)所示。仍然采用PSO算法对各单机策略权重寻优，以决策 $\boldsymbol{\lambda}_1$ 为例，PSO对各单机策略权重寻优曲线见图4-17(b)。

$$
\begin{aligned}
\boldsymbol{\lambda}_1 &= [(R_1,B_1),(R_2,B_2),(R_3,B_3)] \\
\boldsymbol{\lambda}_2 &= [(R_1,B_1),(R_2,B_3),(R_3,B_2)] \\
\boldsymbol{\lambda}_3 &= [(R_1,B_2),(R_2,B_3),(R_3,B_1)] \\
\boldsymbol{\lambda}_4 &= [(R_1,B_2),(R_2,B_1),(R_3,B_3)] \\
\boldsymbol{\lambda}_5 &= [(R_1,B_3),(R_2,B_1),(R_3,B_2)] \\
\boldsymbol{\lambda}_6 &= [(R_1,B_3),(R_2,B_2),(R_3,B_1)]
\end{aligned}
\tag{4-36}
$$

经过两层加权融合后，我方可采取的 6 种编队级决策结果如表 4-10 所示。攻击有效性代表该决策的收益，越大越好；无效性代表该作战要付出的代价，越小越好。可见决策 $\boldsymbol{\lambda}_3$ 是应该作出的空战决策，该决策结果是合理的，与现实情况相符合。

表 4-10　经两层加权融合后的我方编队级决策可信度

决策可信度	$\boldsymbol{\lambda}_1$	$\boldsymbol{\lambda}_2$	$\boldsymbol{\lambda}_3$	$\boldsymbol{\lambda}_4$	$\boldsymbol{\lambda}_5$	$\boldsymbol{\lambda}_6$
有效性	0.3678	0.3968	0.5335	0.46	0.406	0.4632
无效性	0.5676	0.5176	0.3575	0.4537	0.5154	0.4544
不确定性	0.0646	0.0857	0.109	0.0864	0.0785	0.0824

时间性能上，3.2.5.2 节对基于 PSO 进行指标权重寻优进行了时间性能检验，可达到实时的权重求取；对整个决策算法的时间性能进行统计，统计 50 次运行的时间消耗如图 4-18 所示，平均运行时间基本满足实际战场需

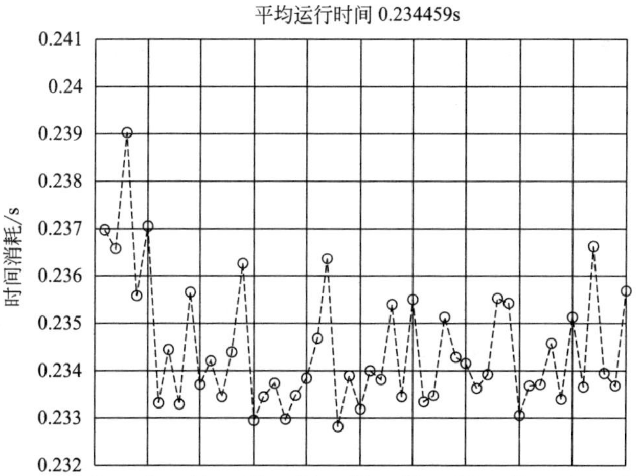

图 4-18　空战决策算法运行时间统计

要。另外，利用 PSO 算法对态势指标权重寻优的过程中会引入随机性，致使每次计算结果均有轻微差异，编队决策结果均是稳定的，可提高算法的适应性。

4.4.5 基于对策论验证决策模型有效性

近距空战是激烈对抗的过程，我机群在攻击敌机群时也受到敌机群的攻击，这是一个博弈的过程。实战中双方的决策是相互影响的，常规的决策方法没有考虑到敌方可能采取的对策。此处基于博弈论双矩阵对策对视距内空战建模，以验证上述决策算法的有效性，本书第 5 章中利用双矩阵对策研究空战机动决策，具体双矩阵对策的建模及求解方法可见 5.2 节和 5.3 节。

根据文中的综合态势构造我方单机策略的基本可信度如表 4-9，敌方每个单机作战策略的基本可信度如表 4-11。利用加权信息融合进一步构造敌我双方编队级决策可信度如表 4-10、表 4-12 所示。

表 4-11　敌方每个单机作战策略的基本可信度

决策可信度	$B_1—R_1$	$B_1—R_2$	$B_1—R_3$	$B_2—R_1$	$B_2—R_2$	$B_2—R_3$	$B_3—R_1$	$B_3—R_2$	$B_3—R_3$
有效性	0.3837	0.7992	0.5306	0.6114	0.6066	0.4199	0.2658	0.5621	0.2828
无效性	0.5713	0.1623	0.3903	0.2683	0.3283	0.4826	0.6449	0.313	0.6375
不确定性	0.0451	0.0385	0.0791	0.1203	0.0651	0.0975	0.0893	0.1249	0.0797

表 4-12　经两层加权融合后的敌方编队级决策可信度

决策可信度	$\boldsymbol{\beta}_1$	$\boldsymbol{\beta}_2$	$\boldsymbol{\beta}_3$	$\boldsymbol{\beta}_4$	$\boldsymbol{\beta}_5$	$\boldsymbol{\beta}_6$
有效性	0.4225	0.4555	0.4678	0.5617	0.5676	0.4735
无效性	0.5145	0.4547	0.4530	0.3552	0.3243	0.4489
不确定性	0.063	0.0898	0.0792	0.0831	0.1081	0.0776

针对算例的作战想定，建立博弈模型如式(4-37) 所示。

$$\boldsymbol{\Gamma}=(\boldsymbol{N},\{\boldsymbol{\lambda}_{\mathrm{R}},\boldsymbol{\beta}_{\mathrm{B}}\},\{u_1,u_2\}) \tag{4-37}$$

式中，$\boldsymbol{N}=\{1,2\}$ 分别代表我方与敌方；$\boldsymbol{\lambda}_{\mathrm{R}}$、$\boldsymbol{\beta}_{\mathrm{B}}$代表我方与敌方的策略集合；$u_1$、$u_2$代表我方与敌方的支付函数，下面分别进行定义。

① 策略集合定义。

双方编队级策略集定义为

$$\boldsymbol{\lambda}_{\mathrm{R}}=\{\boldsymbol{\lambda}_1,\boldsymbol{\lambda}_2,\boldsymbol{\lambda}_3,\boldsymbol{\lambda}_4,\boldsymbol{\lambda}_5,\boldsymbol{\lambda}_6\}$$
$$\boldsymbol{\beta}_{\mathrm{B}}=\{\boldsymbol{\beta}_1,\boldsymbol{\beta}_2,\boldsymbol{\beta}_3,\boldsymbol{\beta}_4,\boldsymbol{\beta}_5,\boldsymbol{\beta}_6\} \tag{4-38}$$

我方编队策略集如式(4-36) 所示，敌方编队策略集如式(4-39) 所示。

$$\begin{aligned}
\boldsymbol{\beta}_1&=\{(\mathrm{B}_1,\mathrm{R}_1),(\mathrm{B}_2,\mathrm{R}_2),(\mathrm{B}_3,\mathrm{R}_3)\}\\
\boldsymbol{\beta}_2&=\{(\mathrm{B}_1,\mathrm{R}_1),(\mathrm{B}_2,\mathrm{R}_3),(\mathrm{B}_3,\mathrm{R}_2)\}\\
\boldsymbol{\beta}_3&=\{(\mathrm{B}_1,\mathrm{R}_2),(\mathrm{B}_2,\mathrm{R}_3),(\mathrm{B}_3,\mathrm{R}_1)\}\\
\boldsymbol{\beta}_4&=\{(\mathrm{B}_1,\mathrm{R}_2),(\mathrm{B}_2,\mathrm{R}_1),(\mathrm{B}_3,\mathrm{R}_3)\}\\
\boldsymbol{\beta}_5&=\{(\mathrm{B}_1,\mathrm{R}_3),(\mathrm{B}_2,\mathrm{R}_1),(\mathrm{B}_3,\mathrm{R}_2)\}\\
\boldsymbol{\beta}_6&=\{(\mathrm{B}_1,\mathrm{R}_3),(\mathrm{B}_2,\mathrm{R}_2),(\mathrm{B}_3,\mathrm{R}_1)\}
\end{aligned} \tag{4-39}$$

② 双方支付函数定义。

根据综合态势分析和编队决策可信度定义博弈支付函数，我采取编队策略 $\boldsymbol{\lambda}_i$、敌方采取编队策略 $\boldsymbol{\beta}_j$ 时我编队的支付函数如式(4-40) 所示，敌编队支付函数如式(4-41) 所示。

$$u_1(\boldsymbol{\lambda}_i-\boldsymbol{\beta}_j)=\frac{m_{\mathrm{R}_i}^{\boldsymbol{\lambda}_i}(a)m_{\mathrm{B}_j}^{\boldsymbol{\beta}_j}(b)}{m_{\mathrm{B}_j}^{\boldsymbol{\beta}_j}(a)m_{\mathrm{R}_i}^{\boldsymbol{\lambda}_i}(b)} \tag{4-40}$$

$$u_2(\boldsymbol{\beta}_j-\boldsymbol{\lambda}_i)=\frac{m_{\mathrm{B}_j}^{\boldsymbol{\beta}_j}(a)m_{\mathrm{R}_i}^{\boldsymbol{\lambda}_i}(b)}{m_{\mathrm{B}_j}^{\boldsymbol{\beta}_j}(b)m_{\mathrm{R}_i}^{\boldsymbol{\lambda}_i}(a)} \tag{4-41}$$

式中，$m_{\mathrm{R}_i}^{\boldsymbol{\lambda}_i}(a)$、$m_{\mathrm{R}_i}^{\boldsymbol{\lambda}_i}(b)$ 分别表示我编队采取 $\boldsymbol{\lambda}_i$ 能够获得的收益（攻击有效性）和将要付出的代价（攻击无效性）；$m_{\mathrm{B}_j}^{\boldsymbol{\beta}_j}(a)$、$m_{\mathrm{B}_j}^{\boldsymbol{\beta}_j}(b)$ 分别表示敌编队采取 $\boldsymbol{\beta}_j$ 策略能够获得的收益（攻击有效性）和将要付出的代价（攻击无效性）。

由此可确定敌我方的双支付矩阵，因版面原因分开表示，其中我方支付矩阵如式(4-42)，敌方支付矩阵如式(4-43)。

$$\begin{array}{c} \\ \boldsymbol{\lambda}_1\\ \boldsymbol{\lambda}_2\\ \boldsymbol{\lambda}_3\\ \boldsymbol{\lambda}_4\\ \boldsymbol{\lambda}_5\\ \boldsymbol{\lambda}_6 \end{array}
\begin{array}{c}
\begin{array}{cccccc} \boldsymbol{\beta}_1 & \boldsymbol{\beta}_2 & \boldsymbol{\beta}_3 & \boldsymbol{\beta}_4 & \boldsymbol{\beta}_5 & \boldsymbol{\beta}_6 \end{array}\\
\begin{bmatrix}
0.789 & 0.6468 & 0.6274 & 0.4097 & 0.3701 & 0.6142\\
0.9336 & 0.7653 & 0.7424 & 0.4847 & 0.438 & 0.7268\\
1.8174 & 1.4898 & 1.4451 & 0.9436 & 0.8525 & 1.4148\\
1.2348 & 1.0122 & 0.9818 & 0.6411 & 0.5792 & 0.9612\\
0.9594 & 0.7864 & 0.7628 & 0.4981 & 0.45 & 0.7468\\
1.2414 & 1.0176 & 0.9871 & 0.6445 & 0.5823 & 0.9664
\end{bmatrix}
\end{array} \tag{4-42}$$

$$
\begin{array}{c} \\ \boldsymbol{\lambda}_1 \\ \boldsymbol{\lambda}_2 \\ \boldsymbol{\lambda}_3 \\ \boldsymbol{\lambda}_4 \\ \boldsymbol{\lambda}_5 \\ \boldsymbol{\lambda}_6 \end{array}
\begin{array}{c}
\begin{array}{cccccc} \boldsymbol{\beta}_1 & \boldsymbol{\beta}_2 & \boldsymbol{\beta}_3 & \boldsymbol{\beta}_4 & \boldsymbol{\beta}_5 & \boldsymbol{\beta}_6 \end{array} \\
\begin{bmatrix}
1.2674 & 1.0711 & 0.5502 & 0.8099 & 1.0424 & 0.8056 \\
1.5461 & 1.3066 & 0.6712 & 0.988 & 1.2716 & 0.9827 \\
1.5939 & 1.347 & 0.692 & 1.0185 & 1.3109 & 1.0131 \\
2.441 & 2.0629 & 1.0598 & 1.5598 & 2.0076 & 1.5515 \\
2.7019 & 2.2834 & 1.173 & 1.7265 & 2.2222 & 1.7173 \\
1.6281 & 1.3759 & 0.7068 & 1.0403 & 1.339 & 1.0348
\end{bmatrix}
\end{array}
\tag{4-43}
$$

利用 5.3 节提出的基于几何变换的 MAGA 算法求解模型，该双矩阵对策只有一个纯策略纳什均衡解：我方选用编队策略 $\boldsymbol{\lambda}_3$，敌方选用编队策略 $\boldsymbol{\beta}_1$。由此可见基于 PSO 二级加权的小编队空战决策算法是有效的。

第5章

空战机动决策

未来空战的电磁环境越来越复杂，电子战的有力杀伤、战机显著提高的隐身性都将压制超视距作战的距离，若超视距攻击未成功，且双方没有放弃攻击，尤其在敌我战机性能相当的情况下，将以极大可能进入视距内空战。因此近距空战能力和超视距空战能力一样重要。接敌过程中需要进行机动飞行争取先敌获得战术优势，构造近距格斗导弹发射条件。

本章针对现有机动决策模型体现出的对抗性不足及缺乏实用求解方法的问题，介绍了全向攻击条件下机动决策研究的必要性。基于博弈论双矩阵博弈构建机动决策模型，介绍了基于几何变换的 MAGA 混合算法（Memetic Algorithm-Genetic Algorithm）求解多纳什均衡（NE）解，可有效求解多个解，寻优速度快。仿真结果表明该模型更加符合空战实际，可对空战有效建模，求解算法满足实时性要求。将纳什均衡的非唯一性视为特定条件下飞行员对多个可行机动策略的偏好，飞行员可根据敌情信息或偏好选取相应的机动策略，并仿真验证了所建模型及求解方法的有效性。所建模型及求解方法具备通用性，可对不同态势建模方法进行验证，如基于影响图，贝叶斯算法等均可融入本章所建机动模型中，可对空战的不确定性建模。

5.1 全向攻击条件下机动决策研究的必要性

随着机载火控设备不断革新及第四代空空导弹的装备，现代战机已基本具备全向攻击能力，使得攻击机会增多。但即使在使用全向攻击导弹的情况下，战机初始相对位置对空战胜负仍起关键作用，有利的攻击阵位意味着更好的攻击效果，这包括角度与距离的因素。在相互之间距离相等的情况下，更好的角度意味着更好的攻击效果。

首先，选择有利攻击阵位可以提高己方导弹的命中概率，而且可以抑制和破坏敌机发射空空导弹的有利条件，有利于保存自己同时发挥火力优势。其次，空空导弹本身作战效能的发挥受攻击阵位的限制，无法完全做到有效的 360°范围攻击。再就是空战环境对不同战位的攻击效果也有影响，如太阳方向存在盲区、地面热源对红外制导空空导弹有干扰等。同时，3.3 节中视距内空战态势评估模型的结果表明，选择有利的攻击阵位意味着较大的攻击区和较高杀伤概率。因此通过机动占据有利战位仍是有必要的。

现代空战中要转变过去航炮和早期导弹攻击时形成的单一尾后攻击观念，树立多方向攻击的战术意识，又要从敌我双方的武器性能、空中敌我位置态势、自然环境等综合考虑，选择有利攻击阵位。

5.2 基于博弈论的空战机动决策建模

空战机动是对抗性非常强的动态过程，参战双方都意图通过机动使敌方进入己方攻击区并达到导弹发射条件，且避免落入敌方攻击区。对抗双方的一系列机动决策是相互影响的，我方的机动决策不仅与机动后所能取得的优势相关，而且与敌方的机动策略相关。直观上来说，若我方机动后能取得较大优势，但同时也使敌方构成了较大优势，甚至更大优势，则该机动动作并不可取。同样敌方的机动决策也与我方战机的策略有关，这是一个博弈的过程。基于对策的方法适合处理这种决策相互影响的情况，更能体现空战实际，文中用双矩阵博弈对空战机动决策建模[221]。

5.2.1 博弈论模型

博弈论（对策论）是应用数学方法研究决策主体的行为发生相互作用时的决策及决策的均衡的学科。博弈模型本质上包括三个基本要素：局中人、策略集和支付函数。对于有限策略 n 人非合作博弈[221~223]，博弈 $\boldsymbol{\Gamma}$ 记为

$$\boldsymbol{\Gamma}=(\boldsymbol{N},\{\boldsymbol{S}_i\}_{i\in N},\{P_i\}_{i\in N}) \tag{5-1}$$

式中，$\boldsymbol{N}=\{1,2,\cdots,n\}$为局中人集合，$n\in\mathbb{N}$，$n\geqslant 1$；$\{\boldsymbol{S}_i\}$ 为策略集，每个局中人 i 的策略集合 $\boldsymbol{S}_i=\{s_1^{(i)},\cdots,s_{m_i}^{(i)}\}$，$i\in\boldsymbol{N}$；每个局中人$i$ 有支付函数 $P_i:\boldsymbol{S}_i\rightarrow\mathbb{R}$，局中人选择策略 $s_i\in\boldsymbol{S}_i$ 后，就形成了对策的一个局势，如式(5-2) 所示。

$$\boldsymbol{s}=(s_1,s_2,\cdots,s_n)\in\prod_{i\in\boldsymbol{N}}\boldsymbol{S}_i \tag{5-2}$$

对于每个局势 $\boldsymbol{s}$，局中人 i 的支付为 $P_i(\boldsymbol{s})=P_i(s_1,s_2,\cdots,s_n)$，$i=1,2,\cdots,n$。

定义局中人 i 的混合策略 $\boldsymbol{x}_i$ 为 $\boldsymbol{S}_i$ 上的概率向量，且满足条件如式(5-3)所示。

$$\begin{gathered}\boldsymbol{x}_i=(x_1^{(i)},x_2^{(i)},\cdots,x_{m_i}^{(i)})\\ \sum_{k=1}^{m_i}x_k^{(i)}=1,\ x_k^{(i)}\geqslant 0,\ k=1,2,\cdots,m_i\end{gathered}\tag{5-3}$$

记混合扩充的 n 人非合作博弈 $\boldsymbol{\Gamma}$ 记为

$$\boldsymbol{\Gamma}=(\boldsymbol{N},\{\boldsymbol{S}_i^*\}_{i\in\boldsymbol{N}},\{E_i\}_{i\in\boldsymbol{N}})\tag{5-4}$$

式中，$\boldsymbol{N}$ 为局中人集合；每个局中人 i 有一个混合策略集 $\boldsymbol{S}_i^*$ 如式(5-5)所示，当局中人 i 选择混合策略 $\boldsymbol{x}_i=(x_1^{(i)},\ x_2^{(i)},\ \cdots,\ x_{m_i}^{(i)})\in\boldsymbol{S}_i^*$ 就形成一个混合局势 $\boldsymbol{x}$，如式(5-6) 所示；局中人 i 在混合局势下的期望支付如式(5-7)。

$$\boldsymbol{S}_i^*=\left\{(x_1^{(i)},x_2^{(i)},\cdots,x_{m_i}^{(i)})\ \middle|\ \sum_{k=1}^{m_i}x_k^{(i)}=1,\ x_k^{(i)}\geqslant 0,\ k=1,2,\cdots,m_i\right\}\tag{5-5}$$

$$\boldsymbol{x}=(\boldsymbol{x}_1,\boldsymbol{x}_2,\cdots,\boldsymbol{x}_n)\in\prod_{i\in\boldsymbol{N}}\boldsymbol{S}_i^*\tag{5-6}$$

$$E_i(\boldsymbol{x})=\sum_{s_{j_1}^{(1)}\in\boldsymbol{S}_1}\sum_{s_{j_2}^{(2)}\in\boldsymbol{S}_2}\cdots\sum_{s_{j_n}^{(n)}\in\boldsymbol{S}_n}P_i(\boldsymbol{s}_{j_1}^{(1)},\boldsymbol{s}_{j_2}^{(2)},\cdots,\boldsymbol{s}_{j_n}^{(n)})x_{j_1}^{(1)}x_{j_2}^{(2)}\cdots x_{j_n}^{(n)},\ i=1,2,\cdots,n\tag{5-7}$$

定义 5.1　纳什均衡：博弈论模型的解 $\boldsymbol{x}^*$ 称为纳什均衡（Nash Equilibrium，NE)，对于n 人非合作博弈 $\boldsymbol{\Gamma}$，局势 $\boldsymbol{s}^*$ 是一个纳什均衡的充要条件是：

$$P_i(\boldsymbol{s}^*\parallel s_i)\leqslant P_i(\boldsymbol{s}^*)\quad \forall i\in\boldsymbol{N},\ \forall s_i\in\boldsymbol{S}_i\tag{5-8}$$

式中，$\boldsymbol{s}^*\parallel s_i$ 表示在局势 $\boldsymbol{s}^*$ 中，局中人 i 改变他的策略 s_i^* 为 s_i。

纳什均衡并不是相对于某个局中人的最优解，而是一个稳定解。在博弈达到均衡时，任何局中人都不会单方改变策略，在其他局中人策略不变的情况下，局中人 i 选择任何其他策略都不会有更高收益。

定义 5.2　混合策略纳什均衡：对于混合策略 n 人博弈，混合局势 $\boldsymbol{x}^*$ 是一个混合策略纳什均衡的充要条件是

$$E_i(\boldsymbol{x}^* \parallel \boldsymbol{x}_i) \leqslant E_i(\boldsymbol{x}^*) \quad \forall i \in \boldsymbol{N}, \forall \boldsymbol{x}_i \in \boldsymbol{S}_i^* \tag{5-9}$$

NE 具有非唯一性，一个博弈可能有多个 NE，不同的 NE 可能对应完全不同的结局。若要对博弈进行完备的分析，求出多纳什均衡是有必要的。

5.2.2 双矩阵对策模型

对于非合作双矩阵对策 $\boldsymbol{\Gamma}=\{(1,2);\boldsymbol{S}_1;\boldsymbol{S}_2;\boldsymbol{A},\boldsymbol{B}\}$，有

$$\boldsymbol{S}_1=\{\alpha_1,\alpha_2,\cdots,\alpha_m\},\ \boldsymbol{S}_2=\{\beta_1,\beta_2,\cdots,\beta_n\}$$
$$\boldsymbol{A}=(a_{ij})_{m\times n},\ \boldsymbol{B}=(b_{ij})_{m\times n} \tag{5-10}$$

式中，$\boldsymbol{S}_1$、$\boldsymbol{S}_2$ 分别是局中人的纯策略集；m 为局中人 1 的策略数；n 为局中人 2 的策略数；$\boldsymbol{A}$、$\boldsymbol{B}$ 为根据支付函数构造的双矩阵。

局中人的混合策略集表示如式(5-11) 所示，$x\in\boldsymbol{S}_1^*$，$y\in\boldsymbol{S}_2^*$ 是局中人的混合策略。

$$\boldsymbol{S}_1^*=\left\{x\in\mathbb{R}^m \mid x_i\geqslant 0(i=1,2,\cdots,m),\ \sum_{i=1}^{m}x_i=1\right\}$$
$$\boldsymbol{S}_2^*=\left\{y\in\mathbb{R}^m \mid y_j\geqslant 0(j=1,2,\cdots,n),\ \sum_{j=1}^{n}y_j=1\right\} \tag{5-11}$$

可称 (x,y) 为 $\boldsymbol{\Gamma}$ 的混合局势，定义局中人的期望支付为

$$\begin{aligned} E_1(x,y)&=x\boldsymbol{A}y^{\mathrm{T}}=\sum_{i=1}^{m}\sum_{j=1}^{n}a_{ij}x_iy_j \\ E_2(x,y)&=x\boldsymbol{B}y^{\mathrm{T}}=\sum_{i=1}^{m}\sum_{j=1}^{n}b_{ij}x_iy_j \end{aligned} \tag{5-12}$$

由此可知，我方的收益不仅与我方的策略有关，也与敌方的策略相关。

5.2.3 基于双矩阵博弈的机动决策建模

基于矩阵博弈对机动决策建模需设置一定的时间步长，在离散的时间点上进行机动决策寻优。空战双方基于目标函数，每隔一定时间步长就计算各机动策略的优势值构造双支付矩阵，然后利用 5.3.2 节中的算法求解双矩阵博弈的多纳什均衡解，作为执行的机动动作。双矩阵博弈模型$\boldsymbol{\Gamma}$ 记为

$$\boldsymbol{\Gamma}=(\boldsymbol{N}),\{\boldsymbol{u}_{\mathrm{P}},\boldsymbol{u}_{\mathrm{T}}\},\{E_{\mathrm{P}},E_{\mathrm{T}}\} \tag{5-13}$$

式中，$\boldsymbol{N}=\{1,2\}$为局中人集合，指参与空战的敌我双方；$\{\boldsymbol{u}_{\mathrm{P}},\boldsymbol{u}_{\mathrm{T}}\}$为

策略集，此处采用 2.3 节中设计的机动动作库，表示如式(5-14) 所示；$\{E_{\mathrm{P}},E_{\mathrm{T}}\}$为敌我方的支付函数，取几何态势为支付函数定量评估执行机动后可取得的优势值，在 t 时刻，敌我双方构造支付矩阵如式(5-15) 所示。

$$
\begin{aligned}
\boldsymbol{u}_{\mathrm{P}}&=\{u_{\mathrm{P}}^{1},u_{\mathrm{P}}^{2},u_{\mathrm{P}}^{3},\cdots,u_{\mathrm{P}}^{11}\}\\
\boldsymbol{u}_{\mathrm{T}}&=\{u_{\mathrm{T}}^{1},u_{\mathrm{T}}^{2},u_{\mathrm{T}}^{3},\cdots,u_{\mathrm{T}}^{11}\}
\end{aligned}
\tag{5-14}
$$

$$
\begin{array}{c}
 \\ u_{\mathrm{P}}^{1}\\ \vdots\\ u_{\mathrm{P}}^{i}\\ \vdots\\ u_{\mathrm{P}}^{11}
\end{array}
\begin{array}{c}
\begin{array}{ccccc}
u_{\mathrm{T}}^{1} & & \cdots & & u_{\mathrm{T}}^{11}
\end{array}\\
\left[\begin{array}{ccccc}
s_{u_{\mathrm{P}}^{1}u_{\mathrm{T}}^{1}},s_{u_{\mathrm{T}}^{1}u_{\mathrm{P}}^{1}} & & \cdots & & s_{u_{\mathrm{P}}^{1}u_{\mathrm{T}}^{11}},s_{u_{\mathrm{T}}^{11}u_{\mathrm{P}}^{1}}\\
\vdots & & \vdots & & \vdots\\
s_{u_{\mathrm{P}}^{i}u_{\mathrm{T}}^{1}},s_{u_{\mathrm{T}}^{1}u_{\mathrm{P}}^{i}} & \cdots & s_{u_{\mathrm{P}}^{i}u_{\mathrm{T}}^{j}},s_{u_{\mathrm{T}}^{j}u_{\mathrm{P}}^{i}} & \cdots & s_{u_{\mathrm{P}}^{i}u_{\mathrm{T}}^{11}},s_{u_{\mathrm{T}}^{11}u_{\mathrm{P}}^{i}}\\
\vdots & \vdots & \vdots & & \\
s_{u_{\mathrm{P}}^{11}u_{\mathrm{T}}^{1}},s_{u_{\mathrm{T}}^{1}u_{\mathrm{P}}^{m}} & & \cdots & & s_{u_{\mathrm{P}}^{11}u_{\mathrm{T}}^{11}},s_{u_{\mathrm{T}}^{11}u_{\mathrm{P}}^{11}}
\end{array}\right]
\end{array}
\tag{5-15}
$$

式中，$s_{u_{\mathrm{P}}^{i}u_{\mathrm{T}}^{j}}$、$s_{u_{\mathrm{T}}^{j}u_{\mathrm{P}}^{i}}$是 t 时刻我机采取第 i 种机动、敌方采取第 j 种机动时我方和敌方可取得的优势值。

现有基于博弈论对机动决策的研究并没有实用的求解方法，而且无法求解多 NE 以进行机动动作的优选及引入决策的不确定性。在空战机动决策背景下多个 NE 可理解为特定条件下飞行员对多个可行机动策略的偏好，飞行员可根据进一步获得的敌情信息，采取相应的机动策略。在混合策略意义下对于某一混合策略纳什均衡，飞行员可根据 NE 中各机动动作的概率选择执行的机动策略。

5.3 基于几何变换的 MAGA 求解多纳什均衡

5.3.1 目标函数定义

根据博弈论及纳什均衡的性质定义 NE 求解优化目标函数如下。

$$f(\boldsymbol{x}) = \sum_{i \in N} \max\{E_i(\boldsymbol{x} \parallel s_j^{(i)}) - E_i(\boldsymbol{x}), 0\}$$

$$\forall i \in \boldsymbol{N},\ \forall s_j^{(i)} \in \boldsymbol{S}_j \tag{5-16}$$

$$i = 1, 2, \cdots, n;\ j = 1, 2, \cdots, m_i$$

即如果混合局势 $\boldsymbol{x}^*$ 是 NE，则 $f(\boldsymbol{x}^*)=0$，且 $\forall \boldsymbol{x} \neq \boldsymbol{x}^*$，$f(\boldsymbol{x})>0$。

5.3.2 基于几何变换的 MAGA

现有求解纳什均衡的算法多局限于二人博弈，而且只能求解一个 NE，不能有效解决问题。经典线性规划的算法如 Homotopy[224] 算法、Lemke-Howson 算法均过于复杂，基于拟牛顿的非线性二次规划[225] 等求解方法计算复杂度和时间随着博弈规模的扩大呈指数增长。文献［226，227］利用粒子群优化求解 NE，文献［228］利用改进蚁群算法进行求解，文献［229］提出免疫粒子群优化求解，这几种基于智能算法的方法只能够求解一个 NE，而且在搜索中始终将搜索区间限定在策略空间中，压制粒子的多样性，算法易早熟收敛。文献［230］利用三种智能算法计算 NE，并对算法性能进行了比较，但搜索过程中并没有限定策略空间，迭代次数多，搜索效率低。文献［231］第一次提出基于 PSO 的方法求解多纳什均衡解，但搜索效率不高。

本节介绍了基于几何变换的 MAGA 混合智能算法求解多人博弈多纳什均衡解[232]，基本 MA 由粒子群优化 PSO 和禁忌搜索（Tabu Search，TS）构成，PSO 算法作为全局搜索，TS 算法作局部搜索，对 PSO 的改进包括对粒子运动松散控制和引入遗传算法（Genetic Algorithm，GA）增强粒子多样性，避免早熟收敛；禁忌搜索（TS）算法在每一步迭代对邻域空间深度搜索；算法中引入几何变换改造目标函数，使算法具备多极值求解能力，基本流程如图 5-1 所示。

5.3.2.1 基于 PSO 的全局搜索

PSO 算法细节可参见 3.2.4 节，此处定义粒子的位置为博弈的混合局势 $\boldsymbol{x}$，文献［227］证明如果初始化的每个粒子在博弈的混合策略组合空间中，即满足式(5-17)，且初始速度满足式(5-18)，按照 PSO 的位置与速度更新式(5-19)，可保证粒子始终在局中人的混合策略空间组合内搜索。

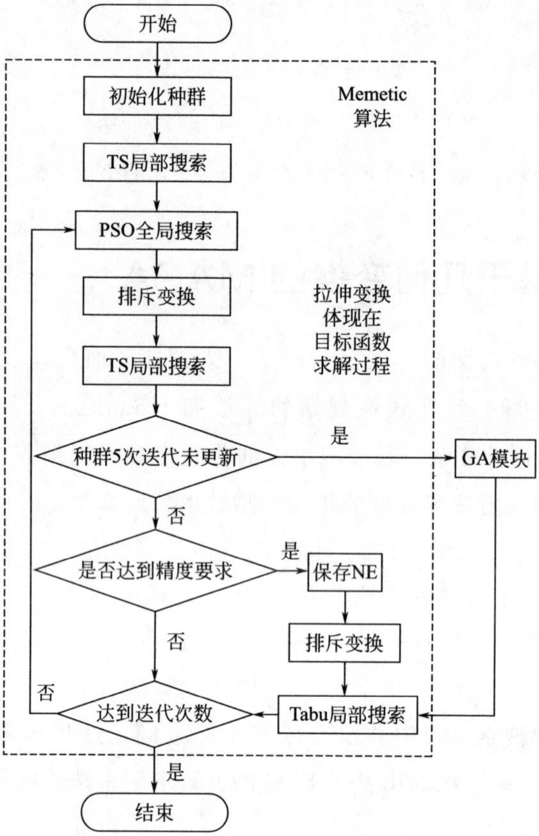

图 5-1 改进 MA 算法求解流程

$$\sum_{k=1}^{m_i} x_k^{(i)}=1 \quad x_k^{(i)} \geqslant 0,\ i=1,2,\cdots,n \tag{5-17}$$

$$\sum_{k=1}^{m_i} v_k^{(i)}=0,\ i=1,2,\cdots,n \tag{5-18}$$

$$v_i(nc+1)=w_{nc+1}v_i(nc)+c_1r_1[P_{\text{local}}-x_i(nc)]+c_2r_2[P_{\text{global}}-x_i(nc)]$$

$$x_i(nc+1)=x_i(nc)+v_i(nc+1)$$

$$w_{nc}=w_{\max}-\frac{(nc-1)(w_{\max}-w_{\min})}{\text{Iterations}-1} \tag{5-19}$$

式中，m_i 是局中人 i 的纯策略数；P_{local} 是粒子寻到的局部最优；P_{global} 是种群寻到的全局最优；c_1、c_2 是学习因子；r_1、r_2 是在［0,1］区间生成的随机数；nc 是当前迭代次数；w_{nc} 是惯性权重；$w_{\max}$、$w_{\min}$ 表示

最大、最小惯性权重；Iterations 是预设迭代次数。

粒子始终在混合策略组合空间内搜索，避免了产生无效粒子，可提高算法搜索效率；但仿真中发现混合策略 [0,1] 组合空间过小，粒子多样性受严重影响，极易早熟收敛，尤其在求解多 NE 时。若完全不限制粒子在策略空间中搜索，则会在搜索过程产生过多无效粒子，效率较低。文中采用的方法是扩大搜索空间，将粒子初始化在策略空间内，迭代过程中则只限定粒子位置在 [0,1] 区间，速度在 [−1,1] 区间，在求解目标函数时进行归一化求解，可改善粒子多样性，同时保证搜索效率。

5.3.2.2 基于 TS 的局部搜索

局部搜索是选取局部优秀个体的过程，在全局搜索的基础上，通过局部邻域搜索使每次迭代的个体都达到局部最优，关键需要确定三个环节：搜索邻域、搜索策略、局部搜索在流程中的位置。

文中搜索邻域用互换操作（SWAP）构造，将粒子位置中每一个局中人混合策略的概率分布 $\boldsymbol{x}^{(i)}=(\boldsymbol{x}_1^{(i)},\boldsymbol{x}_2^{(i)},\cdots,\boldsymbol{x}_{m_i}^{(i)})$ 重新排列，所有局中人策略概率的排列组合 $N(\boldsymbol{x}^{(i)})$ 的笛卡尔乘积 $\prod_{i\in N}N(\boldsymbol{x}^{(i)})$ 构成邻域空间，这种构造方法可以对粒子邻域进行充分搜索，并保证粒子在混合策略空间内搜索（局中人的策略概率之和仍为 1）。

选用禁忌搜索 TS 作为局部搜索策略对粒子邻域空间进行局部深度搜索，TS 算法标记已经搜索区域的局部最优解（禁忌表），在搜索过程中尽量避开这些“禁忌”来避免迂回搜索（禁忌准则），并通过“藐视准则”来赦免被禁忌的优超解，保证算法能进行不同的有效搜索途径的搜索，具体算法参见文献 [233]，TS 在算法流程中的位置见图 5-1。

5.3.2.3 GA 模块

实验中发现 MA 仍会由于粒子多样性不足陷入局部最优，若进化种群持续多轮迭代没有产生更新，则调用 GA 模块引入交叉和变异算子来提高粒子多样性。交叉算子随机选择两个粒子进行交叉操作如下。

$$
\begin{aligned}
X_1^{\text{new}}&=w_1X_1+(1-w_1)X_2\\
X_2^{\text{new}}&=w_2X_2+(1-w_2)X_1
\end{aligned}
\tag{5-20}
$$

式中，X_1、X_2 表示粒子位置；w_1、w_2 是 [0,1] 之间的随机数。

变异算子如式(5-21) 所示。

$$X^{\text{new}}=\begin{cases}X+(x_{\max}-X)\left[r\left(1-\dfrac{nc}{\text{Iter}}\right)\right]^2 & \text{sign}=0\\ X-(X-x_{\min})\left[r\left(1-\dfrac{nc}{\text{Iter}}\right)\right]^2 & \text{sign}=1\end{cases} \tag{5-21}$$

式中，sign 是［0,1］之内的枚举整数；r 是［0,1］之间的随机数；nc 是当前迭代计数；Iter 是预设迭代次数。最后通过轮盘赌选择算子构造新种群。

5.3.2.4 基于几何变换求解多极值

拉伸（Deflection）变换和排斥（Repulsion）变换两种几何变换[231]使算法具备多 NE 求解能力，拉伸变换能改变特定点上的目标函数值，经过变换后原坐标点不再满足极值条件，同时又不影响周边邻域的函数值。若 $f(x)$是原目标函数，x_i^* $(i=1,\cdots,m)$是已经检测到的极值集合，拉伸变换后的函数 $F(x)$ 表达式为

$$F(x)=f(x)\prod_{i=1}^{m}\tanh(\lambda_i\parallel x-x_i^*\parallel)^{-1},\ i=1,\cdots,m \tag{5-22}$$

变换后 x^* 不再是支付函数 $F(x)$ 的极值点，其他点的函数值则保持不变，算法将引导搜索别的极值点，λ_i 是拉伸系数，可根据实际进行设置。

以 Bohachevsky 函数为例，原函数如式(5-23) 所示，该函数极小值取在坐标 (0,0)，变换函数 $F(x,y)$ 如式(5-24) 所示，其中 $\lambda=0.125$，$f(x,y)$和 $F(x,y)$ 的对比如图 5-2 所示。

$$f(x,y)=x^2+2y^2-0.3\cos(3\pi x)-0.4\cos(4\pi y)+0.7 \tag{5-23}$$

$$F(x,y)=f(x,y)/\tanh[0.125\text{norm}\parallel(x,y)-(0,0)\parallel] \tag{5-24}$$

排斥变换为：若检测到粒子进入已知极值 x^* 的邻域，就将该粒子移出该极值邻域一定距离，可提高搜索效率，算法伪代码如下，其中 r 是极值邻域。

```
Procedure repulsion(x* ={x_j* }, j=1,2,…,m)
for i=1 : swarm
    for j=1 : m
      d_j = ‖ x_i - x_j* ‖ ;
      if d_j ≤ r
        Z_j = (x_i - x_j* )/d_j ;
        x_i = x_i + Z_j ;
      end
    end
end
```

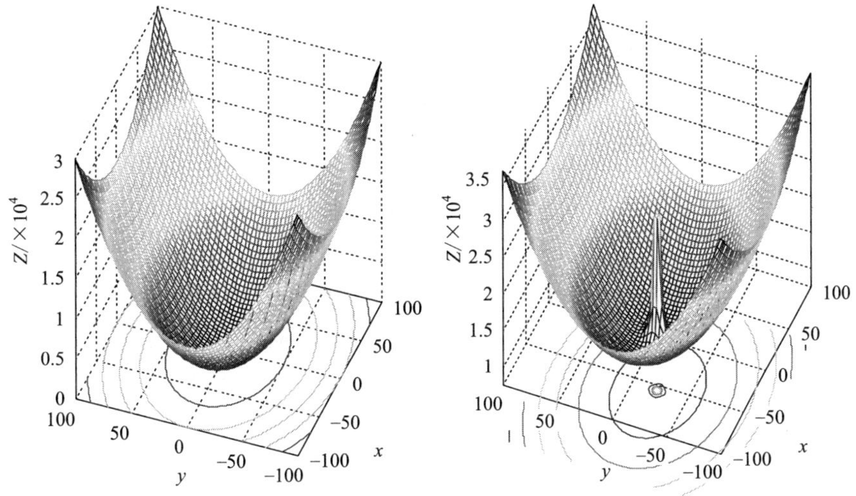

(a) Bohachevsky 原函数　　(b) Bohachevsky 函数几何变换

图 5-2　Bohachevsky 函数及其拉伸变换

5.3.3　仿真验证与分析

用四组不同的博弈 NE 求解问题验证所提基于几何变换的 MAGA 的有效性，并与多种算法的求解性能综合比较，包括 PSO、PSOSA（PSO＋SA）、MA（PSO＋Tabu）、MASA（MA＋SA）算法，每组实验均运行多次以验证算法的收敛性和可靠性。实验一、实验二只有一个 NE，以验证 MAGA 算法本身的性能。用离线性能测试算法的收敛性如式(5-25)所示，Offline 表示到 T 代最优适应度值的平均值，其中 $f^*(t)$ 表示第 T 代的最优适应度值；用在线性能测试其动态特性如式(5-25)所示，Online 可视为平均适应度；可靠性用多次运行中找到 NE 的次数与总共运行次数的比例度量。实验三、实验四的博弈中有多个 NE 以验证算法求解多 NE 的能力，离线性能不适合评估多极值情况下的收敛性能，这里参考离线性能定义“搜索性能”如式(5-25) 所示，$Ability$ 表示到迭代次数 T 时能搜索到的平均 NE 数量，no.(t) 为截止到迭代 t 搜索到的 NE 数。

$$\text{Offline} = \frac{1}{T}\sum_{i=1}^{T} \text{best}\{f(1), f(2), \cdots, f(t)\}$$

$$\text{Online} = \frac{1}{T}\sum_{i=1}^{T} f(t) \tag{5-25}$$

$$\text{Ability} = \frac{1}{T}\sum_{i=1}^{T} \text{no.}(t)$$

参数设置：PSO 种群规模为 20，$c_1 = c_2 = 1.4692$，$w_{\max} = 0.9$，$w_{\min} = 0.4$，搜索精度为 10^{-5}；TS 算法迭代次数为 10，禁忌长度为 3，候选解 8 个，保留前 5 个最优解作为禁忌对象；进化种群 5 次迭代没有更新则调用 GA 模块，交叉概率为 0.95，变异概率为 0.1；拉伸变换中 $\lambda = 1$，排斥变换的排斥区域 $r = 0.5$。

实验一

3×3 型博弈，即两个局中人，每个局中人有 3 个策略，支付矩阵为

$$\boldsymbol{A} = \begin{vmatrix} 1 & 0 & 0 \\ 0 & 1 & 0 \\ 0 & 0 & 1 \end{vmatrix} \quad \boldsymbol{B} = \begin{vmatrix} 0 & 1 & 0 \\ 0 & 0 & 1 \\ 1 & 0 & 0 \end{vmatrix}$$

算法迭代次数取 500，运行 150 次取平均性能，图 5-3(a) 所示为离线性能对比，可见其中 PSO 收敛最快，但可靠性指标均不及 MAGA，有早熟收敛的问题，需要引入 GA、SA 以增强粒子多样性；图 5-3(b) 是在线性能比较，体现了与离线性能相同的结果；表 5-1 是算法可靠性对比，其中最多

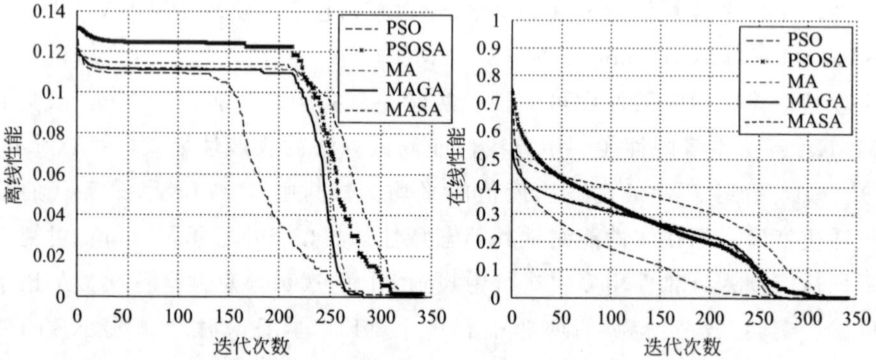

(a) 离线性能对比　　(b) 在线性能比较

图 5-3　实验一中各算法性能比较

次数指找到 NE 的所运行中需要迭代次数最多的一次运行，平均迭代次数指找到 NE 的所有运行的平均迭代次数，MAGA 离线性能及在线性能比 PSO 要低，但可靠性非常好。

表 5-1　实验一中各算法可靠性对比

<table>
<tr><th rowspan="2">算法</th><th colspan="2">迭代次数</th><th rowspan="2">找到 NE 次数</th><th rowspan="2">可靠性</th></tr>
<tr><th>最多次数</th><th>平均次数</th></tr>
<tr><td>PSO</td><td>335</td><td>190</td><td>122</td><td>81%</td></tr>
<tr><td>PSOSA</td><td>342</td><td>255</td><td>78</td><td>52%</td></tr>
<tr><td>MA</td><td>282</td><td>220</td><td>150</td><td>100%</td></tr>
<tr><td>MAGA</td><td>274</td><td>225</td><td>150</td><td>100%</td></tr>
<tr><td>MASA</td><td>332</td><td>260</td><td>150</td><td>100%</td></tr>
</table>

实验二

博弈论软件 Gambit[234] 中典型的 2×2×2 型博弈，即3 个局中人，每人有 2 个策略，支付矩阵如表 5-2 所示。

表 5-2　实验二的支付矩阵

<table>
<tr><th colspan="4" rowspan="3"></th><th colspan="6">局中人 2</th></tr>
<tr><th colspan="3">1</th><th colspan="3">2</th></tr>
<tr><th>局中人 1 收益</th><th>局中人 2 收益</th><th>局中人 3 收益</th><th>局中人 1 收益</th><th>局中人 2 收益</th><th>局中人 3 收益</th></tr>
<tr><td rowspan="4">局中人 1</td><td rowspan="2">1</td><td rowspan="4">局中人 3</td><td>1</td><td>−1</td><td>−4</td><td>−4</td><td>−8</td><td>−1</td><td>−2</td></tr>
<tr><td>2</td><td>−2</td><td>−2</td><td>−8</td><td>−5</td><td>−8</td><td>−6</td></tr>
<tr><td rowspan="2">2</td><td>1</td><td>−8</td><td>−2</td><td>−4</td><td>−2</td><td>−2</td><td>−1</td></tr>
<tr><td>2</td><td>−8</td><td>−1</td><td>−2</td><td>−2</td><td>−1</td><td>−3</td></tr>
</table>

算法迭代次数取 200，图 5-4(a) 为算法离线性能对比，图 5-4(b) 所示为算法的在线性能对比，由图中可见基于 MA 的算法（MA，MAGA，MASA）的离线性能和在线性能明显比 PSO、PSOSA 算法要好，这是引入局部搜索的原因；其中 MAGA 算法收敛最快，MASA 中模拟退火（SA）尽管能够引入多样性，但其概率突跳性没有引导个体，使算法的收敛速度缓慢。运行 150 次统计性能，表 5-3 是算法的可靠性对比，MAGA 算法体现出较高的可靠性。

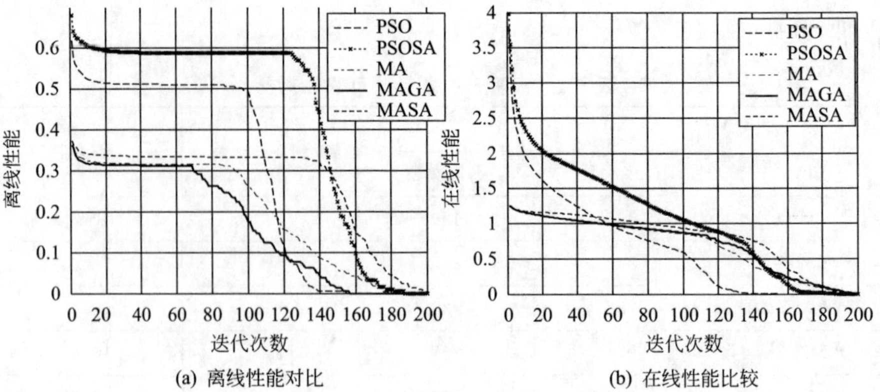

图 5-4　实验二中各算法性能比较

表 5-3　实验二中各算法可靠性对比

算法	迭代次数		找到 NE 次数	可靠性
	最多次数	平均次数		
PSO	154	113	123	82%
PSOSA	187	147	135	90%
MA	200	140	126	84%
MAGA	200	152	130	87%
MASA	200	161	125	83%

实验三

3×3 型博弈[228]，即 2 个局中人，每人有 3 个策略，支付矩阵为

$$\boldsymbol{A}=\begin{vmatrix}1 & 5 & 4\\ 3 & 4 & 2\\ 2 & 7 & 6\end{vmatrix}\quad \boldsymbol{B}=\begin{vmatrix}1 & 3 & 5\\ 5 & 1 & 4\\ 2 & 7 & 1\end{vmatrix}$$

该博弈一共有三个 NE，算法迭代次数为 200，各运行 50 次。图 5-5(a) 为算法的搜索性能比较，MAGA 的搜索能力最好，在搜索前期随着粒子多样性的增强而达到最高，随着多 NE 被搜索到算法迅速收敛，展现了良好的搜索能力和收敛性能。

表 5-4 是各算法的统计性能对比，基于 MA 的算法体现了良好的统计性

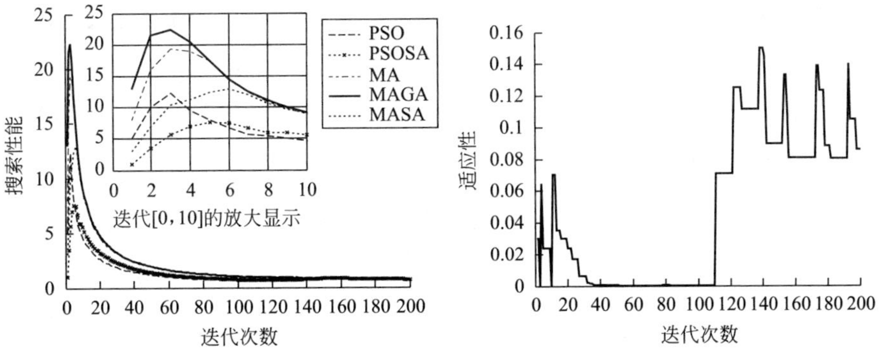

(a) 搜索性能对比　　(b) 实验三中MAGA的一次典型运行

图 5-5　实验三中各算法性能对比

能。图 5-5(b) 是 MAGA 算法的一次运行示例，寻到 NE 如表 5-5 所示。若种群在一定迭代次数内没有更新，调用 GA 模块。在 3 个 NE 都找到后，种群会上下波动，这是排斥变换（种群不断的收敛到已寻到的 NE 并被排斥到其他区域）和 GA 模块起作用的结果。

表 5-4　实验三中各算法可靠性对比

算法	找到不同 NE 数的实验次数			平均迭代次数			最大迭代次数		
	1 个 NE	2 个 NE	3 个 NE	1 个 NE	2 个 NE	3 个 NE	1 个 NE	2 个 NE	3 个 NE
PSO	3	5	42	13	76	116	91	175	189
PSOSA	1	3	46	7	83	146	119	157	200
MA	0	19	31	6	13	124	99	137	187
MAGA	0	15	35	2	10	135	18	148	200
MASA	0	1	49	6	10	145	124	125	200

表 5-5　MAGA 一次运行的结果

迭代次数	NE	
3	$x=(0,1,0)$	$y=(1,0,0)$
10	$x=(0,0,1)$	$y=(0,1,0)$
110	$x=(0,0.5556,0.4444)$	$y=(0.75,0.25,0)$

实验四

Gambit 中的 2×2×2 型博弈，共有 9 个 NE，支付矩阵如表 5-6所示。

算法迭代次数为 500，各运行 150 次。图 5-6(a) 所示为搜索性能对比，可见基于 MA 的算法均体现出了良好的搜索能力，随着不同 NE 被搜索到迅速收敛，收敛性能较好，其中 MAGA 的性能是最优的；图 5-6(b) 是 MAGA 算法求解实验四的一次运行结果。表 5-7 为算法可靠性对比，可见 MAGA 的可靠性也是较优的。

表 5-6　实验四的支付矩阵

				局中人 2					
				1			2		
				局中人 1 收益	局中人 2 收益	局中人 3 收益	局中人 1 收益	局中人 2 收益	局中人 3 收益
局中人 1	1	局中人 3	1	9	8	12	0	0	0
			2	0	0	0	3	4	6
	2		1	0	0	0	9	8	2
			2	3	4	6	0	0	0

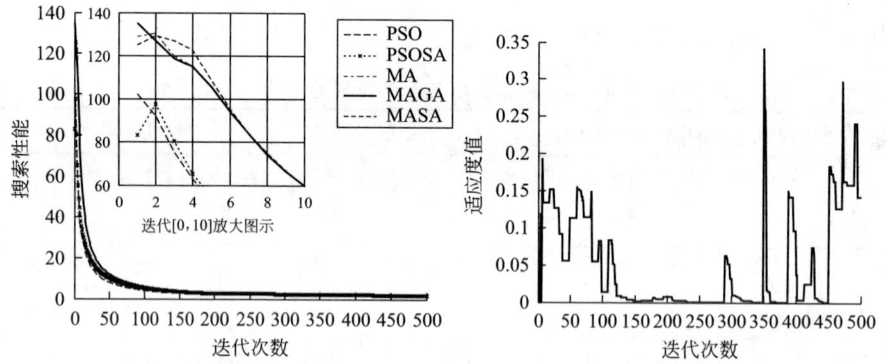

(a) 搜索性能对比　　(b) MAGA的一次典型运行

图 5-6　实验四中各算法性能对比

仿真表明该算法可有效求解多纳什均衡，寻优速度快，并可扩展到其他多模态多极值问题求解领域。

表 5-7　实验四中各算法可靠性

算法	找到不同 NE 数的实验次数				平均迭代次数			
	5 个 NE	6 个 NE	7 个 NE	8 个 NE	5 个 NE	6 个 NE	7 个 NE	8 个 NE
PSO	23	49	53	17	235	307.2	382.3	426.6
PSOSA	29	70	46	1	261	348.3	432.3	497

续表

算法	找到不同NE数的实验次数				平均迭代次数			
	5个NE	6个NE	7个NE	8个NE	5个NE	6个NE	7个NE	8个NE
MA	6	27	112	4	256.7	339.5	405.2	446.8
MAGA	1	10	129	10	258.8	338.8	407	421.3
MASA	2	58	85	4	300.7	392.4	447.1	452

5.4 仿真算例及分析

5.4.1 态势想定

设计两组实验对机动决策模型及求解方法进行验证，仿真环境为matlab R2014a。初始态势想定如表5-8所示，我方多机编队挂载近距空空导弹，具备离轴发射能力，为直观体现对抗性假设敌我战机机动性能相同，挂载相同性能空空导弹。战机最大飞行速度$V_{max}=600$ms/s，最小飞行速度$V_{min}=100$m/s。双方根据双矩阵机动决策模型进行机动动作选择，基本机动动作执行时间$\Delta t=1$s，此处应用了3.3节对视距内空战态势评估的研究成果，利用视距内空战态势构造双矩阵。

为保证时效性，算法迭代次数设置为200，若一轮迭代未找到NE则重新迭代。对寻到的多个NE优先选取纯策略纳什均衡解，若无纯策略NE则优先选取混合策略纳什均衡中概率值较大的机动动作执行。

表5-8 初始态势想定

仿真编号	参战单元	初始条件						初始态势
		x_0/m	y_0/m	z_0/m	γ_0/(°)	ψ_0/(°)	V_0/(m/s)	
1	P	0	0	5000	10	0	210	我机优势
	T	10000	0	5000	−10	0	220	
2	P	0	0	6000	−45	90	200	反向复杂均势
	T	10000	0	5000	0	−90	200	

5.4.2 仿真过程及结果

第一组仿真双方空战机动及导弹发射轨迹如图 5-7 所示，图中粗线表示我方战机进入攻击区并构造达成导弹发射条件，粗线后为导弹飞行轨迹，采用比例导引并击中敌机。我方作为优势方可先敌达成良好攻击条件，在 $6\Delta t$ 时达成良好攻击条件并发射导弹；敌方选择俯冲逃逸，此时敌我态势条件如表 5-9 所示。基于几何变换的 MAGA 求解双矩阵博弈纳什均衡解作为机动动作，可求得机动动作序列如表 5-10 所示，是否纯策略表示所求解机动动作是否是纯策略 NE，迭代次数表示求解消耗的迭代次数。可见在明确态势下多数时刻通过一轮迭代求得纯策略 NE，算法的效率较高。

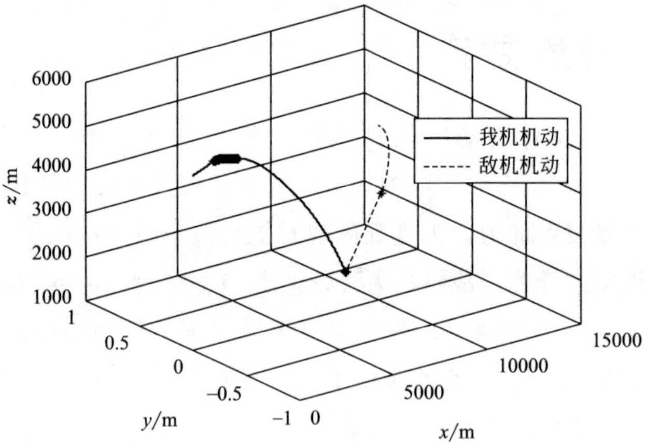

图 5-7　仿真一空战机动及导弹发射轨迹

表 5-9　仿真一中导弹发射时刻态势值

参战单元	几何态势						相对态势		
	x_t/m	y_t/m	z_t/m	γ_t/(°)	ϕ_t/(°)	V_t/(m/s)	φ_t/(°)	q_t/(°)	R/m
P	2442	0	5120	−5.5	0	284	7.1	128	7882
T	10137	0	3411	−140	0	282	52.3	173	7882

表 5-10　仿真一中求解的机动动作序列

机动决策时刻	P 机动	T 机动	纯策略	迭代次数
1	2	7	1	1
2	2	7	1	1

续表

机动决策时刻	P 机动	T 机动	纯策略	迭代次数
3	2	7	1	1
4	2	7	1	2
5	7	7	1	1
6	3	7	1	1
7	1	7	1	1

敌我相对态势如方位角、目标进入角、敌我速度和距离是机动过程中敌我相对态势变化的直观表征，直接影响攻击区及杀伤概率，限制导弹的发射条件，只有在攻击区内满足角度、速度条件才能发射导弹，具体可见 3.3 节内容。仿真一中双方相对态势变化如图 5-8 所示，可见我方先敌很快达到导弹发射条件，占据较大态势优势。

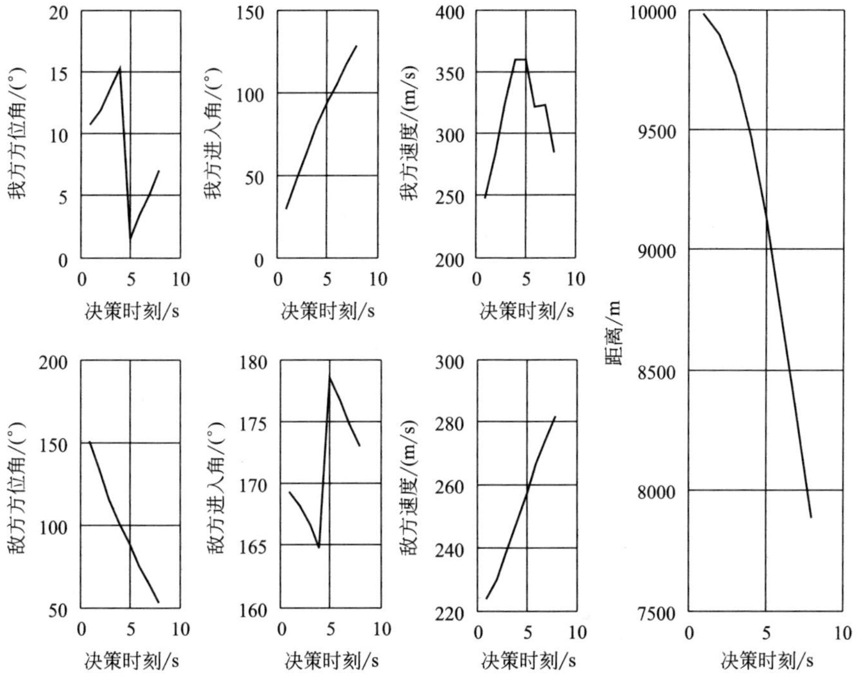

图 5-8 仿真一中双方相对态势变化过程

仿真二中双方空战机动轨迹如图 5-9 所示，由于敌我双方均是理性个体且同时机动，双方均转向对方，基本同时达到攻击条件。文中采用博弈框架且支付函数只依据几何态势进行机动，故机动动作达成的是迎头攻击，此刻发射导弹，最可能的结局是相互击落。整个决策过程中敌我相对态势优势变化如图 5-10所示，可见参战双方态势持续处于均势。求解的机动动作序列如表 5-11所示，在明确态势下，算法能取到单个纯策略 NE 解；在一定态势下，博弈包含多个 NE 解，即多个机动策略均能达到 NE，包括混合策略NE，其中 $9\Delta t$ 时刻寻到 3 个 NE，如表 5-12 所示。

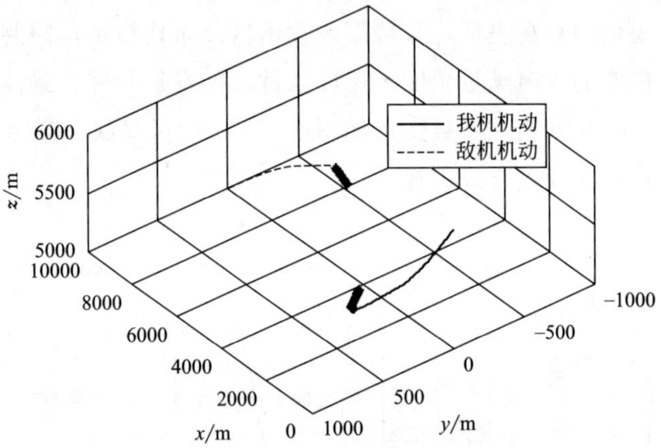

图 5-9　仿真二中双方空战机动轨迹

表 5-11　仿真二各步机动动作序列

机动决策时刻	P 机动	T 机动	纯策略 NE	NE 总数	迭代次数
1	11	11	1	1	1
2	6	11	1	1	1
3	6	11	1	1	2
4	2	2	1	1	3
5	2	2	1	1	1
6	6	11	1	1	3
7	11	3	1	1	2
8	3	3	1	1	1
9	1	3	2	3	1
10	3	1	1	1	1

续表

机动决策时刻	P 机动	T 机动	纯策略 NE	NE 总数	迭代次数
11	1	3	1	1	2
12	1	1	1	1	1
13	1	1	1	1	2

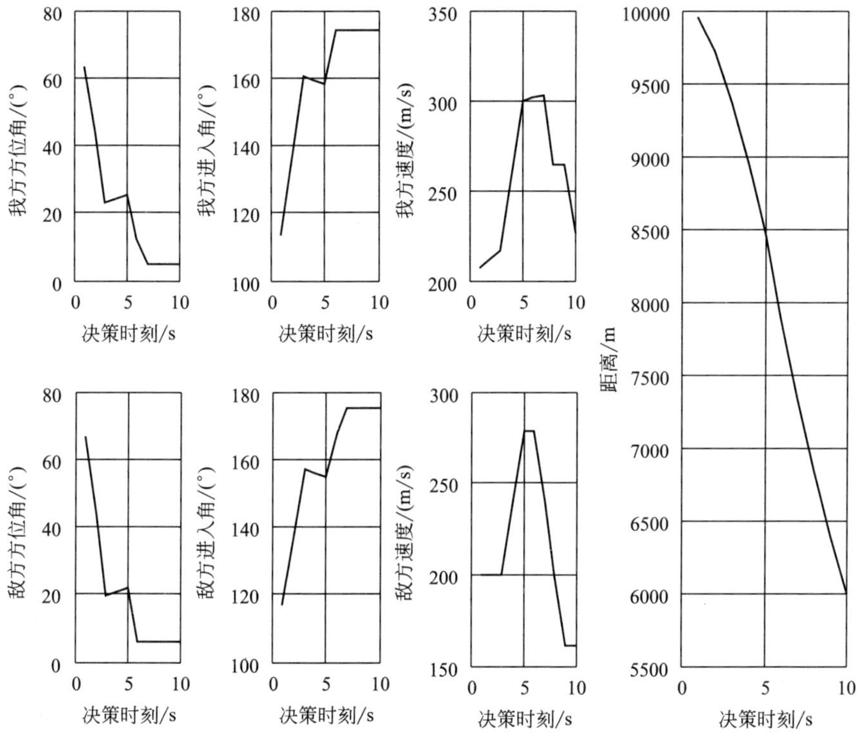

图 5-10　仿真二中双方相对态势变化过程

这是在敌我战机性能相同的条件下，基于当前几何态势采取的最优机动决策，但并不是战术上的最佳机动，尤其在我方战机性能不占优势时。若敌我战机有性能差距，可能会得到不同的空战结果。

表 5-12　仿真二中 9Δ*t* 时刻寻到的 3 个 NE

迭代步数	我方机动		敌方机动	
	1	3	1	3
33	1	0	0	1
181	0.12	0.88	0.18	0.82
182	0	1	1	0

现代视距内空战机动决策的研究要摆脱单一尾后攻击的观念，同时以空空导弹互射为主要作战模式的空战环境态势剧烈变化，战术优势可瞬间取得也在瞬间转化为劣势。基于基本机动动作库的机动决策研究体现不出战机机动可取得的战术优势，下一步考虑基于战术动作库的机动决策建模，对战机以取得战术优势而进行的机动决策进行分析。

附录

分布式武器目标分配Distributed WTA(NetLogo软件编程)

```
breed [ agents agent ]
breed [ enemys enemy ]

agents-own [ agentid pkills load combination scores bids winners wScores t]
enemys-own [ enemyid weight ]
globals [ W ]

to setup
  __ clear-all-and-reset-ticks
  create-agents num-agents
  create-enemys num-enemys
  setup-agents
  setup-enemys
  set W [0.6 0.7 0.3 0.5 0.6 0.35 0.65 0.55 0.4 0.75]
end

to setup-agents
  foreach sort agents [
    ask ? [
      if who = 0
      [ set agentid 1
        set pkills [0.54 0.83 0.90 0.88 0.75 0.66 0.86 0.81 0.77 0.63]
      ]
      if who = 1
      [ set agentid 2
        set pkills [0.70 0.72 0.73 0.89 0.77 0.67 0.85 0.68 0.85 0.83]
      ]
      if who = 2
      [ set agentid 3
        set pkills [0.67 0.64 0.85 0.88 0.56 0.73 0.63 0.88 0.81 0.56]
     ]
      if who = 3
      [ set agentid 4
        set pkills [0.65 0.71 0.81 0.56 0.77 0.86 0.85 0.71 0.66 0.61]
      ]
```

```
        set label who
        set shape "airplane"
        set size 3
        set heading 90
        set xcor -13
        set ycor (30/4) * ceiling(who/2) * (-1)^(who)
        ]
    ]
    ask agents
    [
      set load 4
      set combination [-1 -1 -1 -1]
      set scores [-1 -1 -1 -1]
      set bids [0 0 0 0 0 0 0 0 0 0]
      set winners [0 0 0 0 0 0 0 0 0 0]
      set wScores [0 0 0 0 0 0 0 0 0 0]
      set t [0 0 0 0]
    ]
end

to setup-enemys
    foreach sort enemys [
      ask ? [
        if who = 4 [ set enemyid 1
                     set weight 0.6      ]
        if who = 5 [ set enemyid 2
                     set weight 0.7      ]
        if who = 6 [ set enemyid 3
                     set weight 0.3      ]
        if who = 7 [ set enemyid 4
                     set weight 0.5      ]
        if who = 8 [ set enemyid 5
                     set weight 0.6      ]
        if who = 9 [ set enemyid 6
                     set weight 0.35     ]
```

```
        if who = 10 [ set enemyid 7
                      set weight 0.65    ]
        if who = 11 [ set enemyid 8
                      set weight 0.55    ]
        if who = 12 [ set enemyid 9
                      set weight 0.4     ]
        if who = 13 [ set enemyid 10
                      set weight 0.75    ]
        set shape "airplane"
        set label who -3
        set size 3
        set heading -90
        set color (color -10) ;make it darker for readability
        set xcor 13
        set ycor (30 / 10) * ceiling((who -4) / 2) * (-1)^(who)
      ]
    ]
end

to acting
  let tcaps 1
  let lastTime 0
  let doneFlag 0
  let newBid 0
  let total 0
  while [ doneFlag=0]
  [
    communicatebe tcaps
    output-show "......................"
    ask agents
    [
      show( word "\n asking agent id" agentid)
      combinationremove
      set newbid combinationadd
      if ( newBid=1) [ set lastTime tcaps]
```

```
      output-show winners
    ]
    show( word "\n NNNNnewBid" newBid)
    set doneFlag doneFlag + 1
    ifelse ( tcaps-lastTime ) > num-agents
    [ set doneFlag 1 ]
    [
      ifelse ( tcaps-lastTime ) > 2 * num-agents
      [
        show( word " converge due to communication trouble")
        set doneFlag 1
      ]
      [ set tcaps ( tcaps + 1 )]
    ]
  ]
  output-show "WTA DONE!!!!!!!!"
  foreach sort agents
  [
    foreach [scores] of ?
    [
      if ? > -1
      [ set total (total + ? ) ]
    ]
  ]
  output-show "total profit="
  output-show total
end

to combinationremove
  let tochang 0
  show( word "combinationremove agentid=" agentid ",combination=" combination)
  foreach combination
  [
    if ? ! = -1
    [
```

```
    show( word "foreach ? =" ? ",winners="winners ", item in winners=" item (? -1)
winners)
    if (item (? -1) winners ) ! = agentid
    [ set tochang (position ? combination)
      show( word " tochang" tochang ",combination="combination ", scores="
scores)
      set combination replace-item tochang combination -1
      set scores replace-item tochang scores -1
      show( word " tochang" tochang ",combination="combination ", scores="
scores)
    ]
   ]
  ]
  show( word " after foreach combination=" combination", scores=" scores)
end

to-report combinationadd
  let epsilon 10e-6
  let newBid 0
  let tochang 0
  let sc 0
  let pos 0
  show(word "combinationadd combination" combination ",wScores="wScores)
  foreach combination
  [
    if ? = -1
    [ set bids [0 0 0 0 0 0 0 0 0 0]
      foreach ([enemyid] of enemys)
      [
        if not member? ? combination
        [
          set sc precision ((item (? -1) pkills) * ( item (? -1) W )) 3
          if sc > (item (? -1) wScores)
          [set bids replace-item (? -1) bids sc]
        ]
```

```
        ]
        show(word "combinationadd foreach bids" bids)
        if (max bids) > 0
        [
          set newBid 1
          set tochang position ? combination
          set pos position (max bids) bids ;start from 0
          set sc max bids
          show(word " foreach tochang=" tochang ",max-pos="pos" ,max-sc="sc )
          set combination replace-item tochang combination (pos + 1)
          set scores replace-item tochang scores sc
          show(word "combinationadd combination" combination ",scores="scores)
          set winners   replace-item pos winners agentid
          set wScores replace-item pos wScores sc
        ]
        show(word "combinationadd winners" winners ",wScores="wScores)
      ]
    ]
    report newBid
  end

  to communicatebe [ tp ]
    let old_zk 0
    let old_yk 0
    let old_tk 0
    let ti 0
    let zi 0
    let yi 0
    let k 0
    let i 0
    let j 0
    let old_zkj 0
    let zij 0
    let old_ykj 0
    let yij 0
```

```
let old_tkz 0
let tiz 0
let old_tkoldz 0
let tioldz 0
let epsilon 10e-6
let listzy [0 0]

ask agents
[
  foreach ([who] of other agents)
  [
    set k [agentid] of agent who
    set i [agentid] of agent ?
    set old_zk [winners]          of ( agent who)
    set old_yk [wScores] of ( agent who)
    set old_tk [t]                of ( agent who)
    set zi [winners]        of ( agent ?)
    set yi [wScores] of ( agent ?)
    set ti [t]              of ( agent ?)
    show (word "before comm: agentid:" i", yi="yi ",zi="zi ",ti=" ti)
    foreach ([enemyid] of enemys) ;start from 4
    [
      set listzy [0 0]
      set j ?
      set old_zkj      (item ( j -1 ) old_zk)
      set old_ykj      (item ( j -1 ) old_yk)
      set zij          (item ( j -1 ) zi)
      set yij          (item ( j -1 ) yi)
      show (word "communicatebe tp: " tp ",sender: who" who ",id=" k ",
receiver=" i ",enemy=" j )
      ifelse old_zkj = k ;start from 0
      [
        ifelse zij = i
        [
          ifelse abs( old_ykj -yij ) > epsilon
```

```
      [ if ( old_ykj -yij ) > epsilon [ set listzy update old_zkj old_ykj ] ]
      [ if ( zij < old_zkj) [ set listzy update old_zkj old_ykj ] ]
  ];ifelse zij = i
  [
    ifelse zij = k
    [
      set listzy update old_zkj old_ykj ]
    [
      ifelse zij > 0
      [
        set old_tkz      (item ( zij      -1 ) old_tk)
        set tiz          (item ( zij      -1 ) ti)
        ifelse (old_tkz > tiz)
        [ set listzy update old_zkj old_ykj ]
        [ ifelse abs(old_ykj -yij ) > epsilon
          [ if ( old_ykj -yij ) > epsilon
            [ set listzy update old_zkj old_ykj ] ]
          [ if ( zij > old_zkj)
              [ set listzy update old_zkj old_ykj ] ]
        ]
      ]
      [
        ifelse zij = 0
        [
          set listzy update old_zkj old_ykj ]
        [ show (word "Should not be here" ) ]
      ]
    ]
  ]
]
[
  ifelse old_zkj = i
  [
    ifelse zij = i
    [ ifelse zij = k
```

```
            [ set listzy update 0 0 ]
            [ ifelse zij > 0                    [
                set old_tkz      (item ( zij     -1 ) old_tk)
                set tiz          (item ( zij     -1 ) ti)
                if old_tkz > tiz [ set listzy update 0 0 ] ]
              [ ifelse zij = 0
                []
                [show (word "sender: "k " receiver: " i "enemy:" j "Should not be
here" )]
              ]
            ]
          ]
        ]
        [
          ifelse old_zkj > 0
          [
            set old_tkoldz (item ( old_zkj -1 ) old_tk)
            set tioldz     (item ( old_zkj -1 ) ti)
            ifelse zij=i
            [ if old_tkoldz > tioldz
              [
                ifelse abs(old_ykj -yij ) > epsilon
                  [ if ( old_ykj -yij ) > epsilon
                      [ set listzy update old_zkj old_ykj ] ]
                  [ if ( zij > old_zkj)
                      [ set listzy update old_zkj old_ykj ] ]
              ]
            ]
            [ ifelse zij = k
              [
                ifelse old_tkoldz > tioldz
                [ set listzy update old_zkj old_ykj ]
                [ set listzy update 0 0]
              ]
              [ ifelse zij = old_zkj
```

```
    [
      if old_tkoldz > tioldz [set listzy update old_zkj old_ykj]
    ]
    [ ifelse zij > 0
      [
        set old_tkz   (item ( zij      -1 ) old_tk)
        set tiz       (item ( zij      -1 ) ti)
        ifelse old_tkz > tiz
        [
          ifelse old_tkoldz >= tioldz
          [set listzy update old_zkj old_ykj]
          [set listzy update 0 0]
        ]
        [
          if old_tkoldz > tioldz
          [
            ifelse abs(old_ykj -yij ) > epsilon
              [ if ( old_ykj -yij ) > epsilon
                  [ set listzy update old_zkj old_ykj ] ]
              [ if ( zij > old_zkj)
                  [ set listzy update old_zkj old_ykj ] ]
          ]
        ]
      ];;;;;13
      [
        ifelse zij = 0
        [
          if old_tkoldz > tioldz
            [ set listzy update old_zkj old_ykj ]
        ]
        [show (word "Unknown value" ) ]
      ]
    ]
  ]
]
```

```
        ]
        [ ifelse old_zkj = 0
          [ ifelse zij = i
            [];;14
            [ ifelse zij = k ;;;15
              [ set listzy update old_zkj old_ykj ]
              [ ifelse zij > 0 ;;;;16
                [
                  set old_tkz      (item ( zij      -1 ) old_tk)
                  set tiz          (item ( zij      -1 ) ti)
                  if old_tkz > tiz [ set listzy update old_zkj old_ykj ]
                ]
                [ ifelse zij = 0
                  []
                  [show (word "Unknown value" ) ]
                ]
              ]
            ]
          ]
          [show (word " Should not be here")]
        ]
      ]
    ]
    show (word "after one enemy listzy="listzy )
    set zij (item 0 listzy)
    set yij (item 1 listzy)
    if zij > 0
    [
      set zi replace-item ( j -1 ) zi zij
      set yi replace-item ( j -1 ) yi yij
    ]
  ];foreach enemy
  ask agent ?
  [
    show (word "after comm for agent ?" ? ",zi="zi ",yi=" yi )
```

```
        show (word "before winners="winners ",wScores=" wScores )
        set winners zi
        set wScores yi
        show (word "after winners="winners ",wScores=" wScores )
        show (word "ti="ti ",old_tk=" old_tk )
        foreach ([who] of other agents)
        [
          if ( ( item ? ti) < (item ? old_tk) )
          [ set ti replace-item ? ti (item ? old_tk)]
        ]
        set ti replace-item ( k -1 ) ti tp
        set t ti
        show (word "ti="ti ",old_tk=" old_tk )
      ]
    ];foreach ([who] of other agents)
    show (word "outforeach [who] of other agents asking from " who )
  ]
end

to-report update [old_z old_y]
  let z 0
  let y 0
  set z old_z
  set y old_y
  report list z y
end
```

参 考 文 献

[1] 黄长强．未来空战过程智能化关键技术研究 [J]. 航空兵器，2019，26 (1)：11-17.

[2] 刘新艳．对地攻击任务规划系统关键技术的研究 [D]. 哈尔滨：哈尔滨工业大学，2008.

[3] 高阳阳，余敏建，杨杰．战斗机空战指挥引导目标准确控制研究 [J]. 计算机仿真，2018，35 (11)：28-32.

[4] 张彬超，寇雅楠，邬蒙，等．基于深度置信网络的近距空战态势评估 [J]. 北京航空航天大学学报，2017，43 (7)：1450-1459.

[5] Steinberg A N，Bowman C L，White F E. Revisions to the JDL Data Fusion Model [J]. Proceedings of SPIE-The International Society for Optical Engineering，1999，3719.

[6] Nguyen X T. Threat Assessment in Tactical Airborne Environments [C]//Information Fusion，2002. Proceedings of the Fifth International Conference on Information Fusion，2002：1300-1307.

[7] Mulgund S，Rinkus G，Friskie J. OLIPSA：on-line intelligent processor for situation assessment [C]//Second Annual Symposium and Exhibition on Situational Awareness in the Tactical Air Environment，Patuxent River，1997：1-13.

[8] Petternson G，Axelsson L，Jensen T，et al. Multi-source integration and temporal situation assessment in air combat [C]//Proceesings of Information Decision and Control，1999，371-375.

[9] Johan Ivansson. Situation assessment in a stochastic environment using Bayesian networks [D]. Linkoping University，Swedish：2002.

[10] Das S，Grey R，Gonsalves P. Situation Assessment via Bayesian Belief Networks [C]//ISIF，2002：664-671.

[11] Rao N P，Kashyap S K，Girija G. Situation assessment in air combat：a fuzzy-bayesian hybrid approach [C]//Proceedings of the International Conference on Aerospace Science and Technology，Bangalore，2008：26-33.

[12] Rao N P，Kashyap S K，Gopalaratnam G，et al. Situation and threat assessment in BVR combat [C]//Portland：AIAA Guidance，Navigation and Control Conference，2011：1-6.

[13] 孔祥忠．战场态势估计和威胁估计 [J]. 火力与指挥控制，2003，28 (6)：91-94.

[14] 杨任农，房育寰，张珍兴，等．变分自编码器结合聚类算法在空战态势评估问题上的应用 [J]. 国防科技大学学报，2019，41 (4)：144-154.

[15] 嵇慧明，于昊，宋帅，等．基于改进粗糙集-云模型理论的空战态势评估 [J]. 战术导弹技术，2019，(4)：20-27.

[16] 陈晓东．面向空战威胁估计技术研究 [D]. 长沙：国防科技大学，2005.

[17] 姜龙亭，寇雅楠，王栋，等．动态变权重的近距空战态势评估方法 [J]. 电光与控制，2019，26 (4)：1-5.

[18] 李伟生，王宝树．基于贝叶斯网络的态势评估 [J]. 系统工程与电子技术，2003，25 (4)：480-483.

[19] 苏羽，赵海，苏威积，等．基于贝叶斯网络的态势评估诊断模型［J］．东北大学学报（自然科学版），2005，26（8）：739-741.

[20] Xuan Y B，Huang C Q，Li W X. Air combat situation assessment by gray fuzzy Bayesiannetwork［J］. Applied Mechanics and Materials，2011，69：114-119.

[21] 陈毓昕．基于数据融合的机载多传感器目标威胁评估［D］．上海：上海交通大学，2013.

[22] 孙亮，于雷，黄文卿，等．改进加权 D-S 证据理论在目标意图预测中的应用［J］．空军工程大学学报（自然科学版），2009，10（1）：17-22.

[23] 高永，向锦武．一种新的超视距空战威胁估计非参量法模型［J］．系统仿真学报，2006，18（9）：2570-2573.

[24] 张列航．基于组合赋权的空战威胁评估方法研究［J］．火炮发射与控制学报，2018，39（2）：17-21.

[25] 姜长生，丁全心，王建刚，等．多机协同空战中的威胁评估与目标分配［J］．火力与指挥控制，2008，33（11）：8-12.

[26] 滕鹏，刘栋，张斌，等．超视距协同空战态势评估方法研究［J］．电光与控制，2008，15（10）：47-50.

[27] 肖冰松，方洋旺，胡诗国，等．一种新的超视距空战威胁评估方法［J］．系统工程与电子技术，2009，31（9）：2163-2166.

[28] 张洪波，李国英，丁全心，等．超视距空战下的态势评估技术研究［J］．电光与控制，2010，17（4）：9-13.

[29] 雷蕾，尚丽娜，张列航．空战目标威胁排序与目标分配算法［J］．电光与控制，2010，17（4）：38-40.

[30] 吴文海，周思羽，高丽，等．基于导弹攻击区的超视距空战态势评估改进［J］．系统工程与电子技术，2011，33（12）：2679-2685.

[31] 周思羽，吴文海，曲志刚，等．基于非参量法的空战态势评估分析［J］．航空计算技术，2011，41（4）：13-16.

[32] 高青，刘贵喜，杨涨辉，等．基于层次分析法与模糊运算的威胁评估算法［J］．电子科技，2008，21（5）：61-64.

[33] 张堃，周德云．熵权与群组 AHP 相结合的 TOPSIS 法多目标威胁评估［J］．系统仿真学报，2008，20（7）：1661-1664.

[34] 王永杰，张喜斌，张恒喜，等．基于 TOPSIS 方法的空战威胁评估研究［J］．电光与控制，2008，15（5）：31-35.

[35] 洪利华，罗均平，刘已斌．基于主成分分析法的目标威胁评估［J］．指挥控制与仿真，2006，28（2）：49-52.

[36] 曹可劲，江汉，赵宗贵．一种基于变权理论的空中目标威胁估计方法［J］．解放军理工大学学报（自然科学版），2006，7（1）：32-35.

[37] 张媛，刘文彪，张立民．基于主客观综合赋权的 CGF 态势评估建模研究［J］．系统工程与电子技术，2013，35（1）：85-90.

[38] 王小艺，刘载文，侯朝桢，等．基于模糊多属性决策的目标威胁估计方法 [J]. 控制与决策，2007，22 (8)：859-863.

[39] 雷英杰，王宝树，王毅．基于直觉模糊推理的威胁评估方法 [J]. 电子与信息学报，2007，29 (9)：2077-2081.

[40] 雷英杰．基于直觉模糊推理的态势与威胁评估研究 [D]. 西安：西安电子科技大学，2005.

[41] 解亮亮，韩林．基于粗糙集的空袭目标威胁评估排序 [J]. 火力与指挥控制，2009，34 (9)：61-64.

[42] 魏桥，赵英俊，郭军．基于区间数 GRA 的空袭目标威胁评估技术 [J]. 指挥控制与仿真，2008，30 (1)：57-59.

[43] 王百合，黄建国，张群飞．基于改进灰关联分析的目标威胁评估模型研究 [J]. 计算机工程与应用，2008，44 (4)：212-215.

[44] 冯卉，邢清华，宋乃华．一种基于区间数的空中目标威胁评估技术 [J]. 系统工程与电子技术，2006，28 (8)：1201-1203.

[45] 唐立军，王建中．一种基于支持向量机的防空目标威胁估计方法 [J]. 中北大学学报（自然科学版），2005，29 (4)：338-342.

[46] 马海涛．基于神经网络和遗传算法的威胁度估计算法 [J]. 军事运筹与系统工程，2005，19 (3)：71-74.

[47] 肖亮，黄俊，徐钟书．基于神经网络的超视距空战协同攻击决策 [J]. 沈阳工业大学学报，2013，37 (3)：338-344.

[48] 李卓，黄文斌．基于集对分析方法的 UUV 威胁评估 [J]. 火力与指挥控制，2009，(S1)：58-60.

[49] 麻士东，韩亮，龚光红，等．基于云模型的目标威胁等级评估 [J]. 北京航空航天大学学报，2010，36 (2)：150-153.

[50] 余勇，易华辉．证据理论与层次分析法相结合的威胁评估排序模型 [J]. 电子信息对抗技术，2006，21 (5)：40-43.

[51] 王晓帆，王宝树．基于贝叶斯网络和直觉模糊推理的态势估计方法 [J]. 系统工程与电子技术，2009，31 (11)：2742-2746.

[52] 段海滨，马冠军，赵振宇．基于模糊规则和动态蚁群-贝叶斯网络的无人作战飞机态势评估 [J]. 智能系统学报，2013，8 (2)：119-127.

[53] Rosenberger J M，Hwang H，Pallerla R，et al. The generalized weapon target assignment problem [C]// 10th International Command and Control Research and Technology Symposium the Future of C2，Mclean，VA. 2005.

[54] 陈闽．编队协同作战目标分配建模综述 [J]. 电光与控制，2013，20 (9)：53-63.

[55] 刘传波，邱志明，吴玲，等．动态武器目标分配问题的研究现状与展望 [J]. 电光与控制，2010，17 (11)：43-47.

[56] Garey M R，Johnson D S. Computers and Intractability：A Guide to the Theory of NP-Completeness [M]. San Francisco：W. H. Freeman and Company，1979.

[57] 肖冰松，方洋旺，许蕴山，等．编队内协同超视距空战目标分配模型研究［J］．系统工程与电子技术，2010，32（7）：1476-1479.

[58] 乔鑫，孔繁峨，冯星，等．单机超视距空战智能辅助决策方法［J］．电光与控制，2011，18（16）：9-15.

[59] 罗德林，吴顺祥，段海滨，等．无人机协同多目标攻击空战决策研究［J］．系统仿真学报，2008，20（24）：6778-6782.

[60] 罗德林，段海滨，吴顺详，等．基于启发式蚁群算法的协同多目标攻击空战决策研究［J］．航空学报，2006，23（6）：1166-1170.

[61] 罗德林，王彪，龚华军，等．基于 SAGA 的协同多目标攻击决策［J］．哈尔滨工业大学学报，2007，39（7）：1154-1158.

[62] 霍霄华，陈岩，朱华勇，等．多 UCAV 协同控制中的任务分配模型及算法［J］．国防科技大学学报．2006，28（3）：83-88.

[63] 龙涛，沈林成，朱华勇，等．面向协同任务的多 UCAV 分布式任务分配与协调技术［J］．自动化学报，2007，33（7）：731-737.

[64] 黄力伟，许品刚，王勤．基于匈牙利算法求解的火力分配问题［J］．火力与指挥控制，2007，32（6）：23-28.

[65] 刘铭，高尚，聂成．基于动态规划的目标优化分配决策模型［J］．空军工程大学学报（自然科学版），2003，4（4）：45-47.

[66] 高尚，杨静宇．武器-目标分配问题的粒子群优化算法［J］．系统工程与电子技术，2005，27（7）：1250-1252.

[67] Lee Z J，Su S F，Lee C Y. Efficiently Solving General Weapon-target Assignment Problem by Genetic Algorithms with Greedy Eugenics ［J］. IEEE Transactions on Systems Man and Cybernetics Part B，2003，33（1）：113-121.

[68] 李洪瑞，苗艳．击毁概率最大的目标武器分配的模拟退火算法［C］//中国造船工程学会电子技术学术委员会指控与计算机专业委员会．2000 年学术交流会，2000.

[69] Lee Z J，Su S F，Lee C Y. An Immunity-based Ant Colony Optimization Algorithm for Solving Weapon-target Assignment Problem ［J］. Applied Soft Computing，2002，2（1）：39-47.

[70] 李俨，董玉娜．基于 SA-DPSO 混合优化算法的协同空战火力分配［J］．航空学报，2010，31（3）：626-631.

[71] 王昊，吴庆宪，姜长生，等．基于混沌蚁群算法的多机协同空战火力分配［J］．航空兵器，2010，6：12-15.

[72] Luo D L，Shen C L，Wang B，et al. Air combat decision making for cooperative multiple target attack：an approach of hybrid adaptive genetic algorithm ［J］. Journal of the Graduate School of the Chinese Academy of Sciences，2006，23（3）：382-389.

[73] 姚宗信，李明，陈宗基．基于博弈论模型的多机协同对抗多目标任务决策方法［J］．航空计算技术，2007，37（3）：7-11.

[74] Pongpunwattana A，Rysdyk R. Real time planning for multiple autonomous vehicles in dyna-

mic uncertain environments [J]. Journal of Aerospace Computing Information and Communication, 2004, 1 (12): 580-604.
[75] Sujit P B, Sinha A, Ghose D. Multiple UAV task allocation using negotiation [C]//Proceedings of the Fifth Inter national Joint Conference on Autonomous Agents and Multiagent Systems, 2006: 471-478.
[76] Bogdanowicz Z R, Coleman N P. Sensor-target and weapon-target pairings based on auction algorithm [C]//Proceedings of the 11th WSEAS International Conference on Applied Mathematics, 2007: 92-96.
[77] 张强，杨任农，俞利新，等. 基于Q-network强化学习的超视距空战机动决策 [J]. 空军工程大学学报（自然科学版），2018，19 (6)：8-14.
[78] 廖沫，陈宗基，周锐. 基于MAS的多UAV协同任务分配设计与仿真 [J]. 系统仿真学报，2007，19 (10)：2313-2317.
[79] 龙涛，朱华勇，沈林成. 多UCAV协同中基于协商的分布式任务分配研究 [J]. 宇航学报，2006，27 (3)：457-462.
[80] 龙涛，陈岩，沈林成. 基于合同机制的多UCAV分布式协同任务控制 [J]. 航空学报，2007，28 (2)：352-357.
[81] 龙涛. 多UCAV协同任务控制中分布式任务分配与任务协调技术研究 [D]. 长沙：国防科学技术大学，2006.
[82] 刘波，覃征，邵利平，等. 基于群集智能的协同多目标攻击空战决策 [J]. 航空学报，2009，30 (9)：1727-1739.
[83] 刘波，张选平，王瑞，等. 基于组合拍卖的协同多目标攻击空战决策算法 [J]. 航空学报，2010，31 (7)：1433-1444.
[84] 刘波，陈哨东，贺建良. 基于概率群集的多战机协同空战决策算法 [J]. 上海交通大学学报，2011，45 (2)：257-261.
[85] Luc Brunet. Consensus-based Auctions for Decentralized Task Assignment [D]. Massachusetts: Massachusetts Institute of Technology, 2008.
[86] Luke B, Johnson. Decentralized Task Allocation for Dynamic Environments [D]. Massachusetts: Massachusetts Institute of Technology, 2012.
[87] 赵敏. 分布式多类型无人机协同任务分配研究及仿真 [D]. 南京：南京理工大学，2009.
[88] Alberts D S. Power to the Edge: Command and Control in the Information Age [M]. Washington: CCRP Press, 2003.
[89] Cares J. Distributed Networked Operation: The Foundations of Network Centric Warfare [M]. Newport: Alidade Press, 2005.
[90] 唐苏妍，朱一凡，李群，等. 多Agent系统任务分配方法综述 [J]. 系统工程与电子技术，2010，32 (10)：2155-2161.
[91] 陈立新. 防空导弹网络化体系效能评估 [M]. 北京：国防工业出版，2007.
[92] Shaw R L. Fighter Combat Tactics And Maneuvering [M]. Annapolis, Maryland: Naval Insti-

tute Press，1985.

[93] Akbari S，Menhaj M B. A New Framework of a Decision Support System for Air to Air Combat Tasks [C]//IEEE International Conference on Systems，IEEE，2000，3：2019-2022.

[94] Isaacs R. Differential Games：A Mathematical Theory With Applications to Warfare and Pursuit Control and Optimization [M]. New York：Wiley，1965.

[95] Horie K，Conway B. Optimal fighter pursuit-evasion maneuvers found via two-sided optimization [J]. Journal of Guidance Control and Dynamics，2006，29 (1)：105-112.

[96] Raivio T. Capture set computation of an optimally guided missile [J]. Journal of Guidance Control and Dynamics，2001，24 (6)：1167-1175.

[97] Ehtamo H，Raivio T. On applied nonlinear and bilevel programming for pursuit-evasion games [J]. Journal of Optimization Theory and Applications，2001，108 (1)：65-96.

[98] Grimm W，Well K H. Modelling Air Combat as Differential Game，Recent Approaches and Future Requirements in Differential Games Developments in Modeling and Computation [M]. Berlin：Springer，1991.

[99] Järmark B. A missile duel between two aircraft [J]. Journal of Guidance Control and Dynamics，1985，8 (4)：508-513.

[100] Moritz K，Polis R，Well K H. Pursuit-evasion in medium-range air-combat scenarios [J]. Computers and Mathematics with Applications，1987，1 (3)：167-180.

[101] Ardema M D，Heymann M，Rajan N. Combat games [J]. Journal of Optimization Theory and Applications，1985，46 (4)：391-398.

[102] Neuman F. On the approximate solution of complex combat games [J]. Journal of Guidance Control and Dynamics，1990，13 (1)：128-136.

[103] Austin F，Carbone G，Michael F，et al. Game Theory for Automated Maneuvering During Air-to-Air Combat [J]. Guidance，1990，13 (6)，1143-1147.

[104] 李建勋，佟明安，金德琨．协商微分对策理论及其在多机空战分析中的应用 [J]. 系统工程理论与实践，1997，17 (6)：68-72.

[105] Virtanen K，Raivio T，Hämäläinen R P. Decision theoretical approach to pilot simulation [J]. Journal of Aircraft，1999，27 (4)：632-641.

[106] 詹原瑞．影响图理论方法与应用 [M]. 天津：天津大学出版社，1995.

[107] Virtanen K，Raivio T，Hämäläinen R P. Influence diagram modeling of decision making in a dynamic game setting [C]// Proc. of the 1st Bayesian Modeling Applications Workshop of the 19th Conference on Uncertainty in Artificial Intelligence，Mexico：Acapulco，2003.

[108] Virtanen K，Raivio T，Hämäläinen R P. Modeling pilot's sequential maneuvering decisions by a multistage influence diagram [J]. Journal of Guidance Control and Dynamics，2004，36 (4)：665-677.

[109] Virtanen K，Karelahti J，Raivio T. Modeling air combat by a moving horizon influence diagram game [J]. Journal of Guidance，Control and Dynamics，2006，29 (5)：1080-1091.

[110] 钟麟，佟明安，钟卫．多级影响图在空战机动决策中的应用［J］. 系统工程理论与实践，2006，10：137-140.

[111] 钟麟，佟明安，钟卫．影响图对策在多级协同空战中的应用［J］. 北京航空航天大学学报，2007，33（4）：450-453.

[112] 刘正敏，昂亮，姜长生，等．多级影响图在无人机群协同空战机动决策中的应用［J］. 电光与控制，2010，17（10）：10-13.

[113] 周思羽，吴文海，孔繁峨，等．基于随机决策准则的改进多级影响图机动决策方法［J］. 北京理工大学学报，2013，33（3）：296-301.

[114] Burgin G H，Sidor L B. Rule-based air combat simulation［R］. Technical report，National Aeronautics and Space Administration，CR-4160，1988.

[115] Chappell A R. Knowledge-based Reasoning in the Paladin Tactical Decision Generation System［R］. USA：NASA-CR-4507，1993.

[116] Edward L C，Chan J，Ho J. Development of an Air Combat Evaluation System［R］. USA：AIAA-2000-3912，2000.

[117] Roger W S，Alan E B. Neural network models of air combat maneuvering［D］. New Mexico：New Mexico State University，1992.

[118] Teng T H，Tan A H，Tan Y S，et al. Self-organizing neural networks for learning air combat maneuvers［C］//WCCI 2012 IEEE World Congress on Computational Intelligence，Brisbane，2012：2859-2866.

[119] Smith R E，Dike B A. Learning novel fighter combat maneuver rules via genetic algorithms［J］. International Journal of Expert Systems，1995，8（3）：247-276.

[120] Smith R E，Dike B A，Mehra R K，et al. Classifier systems in combat：two-sided learning of maneuvers for advanced fighter aircraft［J］. Computer Methods in Applied Mechanics and Engineering，2000，15（9）：421-437.

[121] 张涛，于雷，周中良，等．基于变权重伪并行遗传算法的空战机动决策［J］. 飞行力学，2012，30（5）：470-474.

[122] Krishna K K，Kaneshige J，Satyadas A. Challenging Aerospace Problems for Intelligent Systems［C］//Proc. of the von Karman Lecture series on Intelligent Systems for Aeronautics，Belgium，2002：1-15.

[123] Krishna K K，Kaneshige J. Artificial Immune System Approach for Air Combat Maneuvering［C］//Proc. of the 41st Aerospace Sciences Meeting & Exhibit，Reno，Nevada，2003：1-10.

[124] James S，McGrew. Real-Time Maneuvering Decisions for Autonomous Air Combat［D］. Cambridge：Massachusetts Institute of Technology，2008.

[125] 张涛，于雷，周中良，等．基于混合算法的空战机动决策［J］. 系统工程与电子技术，2013，35（7）：1445-1450.

[126] 海军装备部飞机办公室，中国航空工业发展研究中心．国外舰载机发展回顾［M］. 北京：航空工业出版社，2009.

[127] 张东兴，缪旭东．美航母编队防空作战能力分析 [J]. 飞航导弹，2010，8：60-65.
[128] 钟友武，柳嘉润，杨凌宇，等．自主近距空战中机动动作库及其综合控制系统 [J]. 航空学报，2008，29，S114-S121.
[129] 李德顺，赵景增．航空兵与空战 [M]. 北京：航空工业出版社，2007：24-27.
[130] 方振平，陈万春，张曙光．航空飞行器飞行动力学 [M]. 北京：北京航空航天大学出版社，2005：16-31.
[131] 方振平．飞机飞行动力学 [M]. 北京：北京航空航天大学出版社，2005：36-39.
[132] 高浩，朱培申，高正红．高等飞行动力学 [M]. 北京：国防工业出版社，2004：111-116.
[133] 周思羽，吴文海，张楠，等．自主空战机动决策方法综述 [J]. 航空计算技术，2012，42 (1)，27-31.
[134] 朱宝鎏．作战飞机效能评估：第 2 版 [M]. 北京：航空工业出版社，2006.
[135] 胡秉科．歼击机一对一空战模拟系统及其应用 [J]. 航空系统工程，1992，(5)：14-19.
[136] 梁学政．双机空战的仿真与分析 [J]. 火力与指挥控制，1994，19 (4)：8-15.
[137] 高申玉．多机空战战术机动专家系统与决策支持系统研究 [J]. 系统工程理论与实践，1999，(8)：76-79.
[138] 周思羽，吴文海，李翔，等．空战机动决策集模型分析 [J]. 飞机设计，2012，3：42-45.
[139] 张平，方洋旺，金冲，等．空空导弹攻击区实时解算的新方法 [J]. 弹道学报，2010，22 (4)：11-18.
[140] Hemant R S，Shripad P M. Tactical air warfare：generic model for aircraft susceptibility to infrared guided missiles [J]. Aerospace Science and Technology，2011，15：249-260.
[141] 周思羽，周胜明，吴文海，等．典型第四代红外格斗导弹攻击区仿真研究 [J]. 飞机设计，2013，33 (3)：43-46.
[142] 杜昌平，周德云，江爱伟．一种空空导弹可攻击区快速算法 [J]. 西北工业大学学报，2006，24 (6)：682-685.
[143] 周思羽，吴文海，高丽，等．空战态势评估问题综述 [C]. 安徽：第 13 届中国系统仿真技术及其应用学术年会论文集，2011.
[144] 董彦非，王礼沅，张恒喜．战斗机空战效能评估的综合指数模型 [J]. 航空学报，2006，27 (6)：1084-1087.
[145] 傅裕松，黄长强，韩统，等．飞机空战能力评估综合指数模型 [J]. 电光与控制，2009，16 (9)：24-28.
[146] 王佩，李言俊，张科．多机空战多目标威胁评估和分配算法 [J]. 火力与指挥控制，2008，33 (5)：14-17.
[147] 刘华翔，黄俊，朱荣昌．综合航空武器平台作战效能评估综述 [J]. 系统工程学报，2003，18 (1)：55-61.
[148] 高永，向锦武．超视距多机协同空战目标分配算法 [J]. 北京航空航天大学学报，2007，33 (3)：286-289.
[149] 金镭，张曙光，孙金标．现代战斗机空战能力评估及敏感性分析 [J]. 北京航空航天大学学

报，2009，35（1）：82-86.
[150] 顾佼佼，赵建军，徐海峰，等．基于SPA及PSO的超视距空战态势评估［J］．系统工程与电子技术，2014，(4)：691-696.
[151] Alefeld，Götz，Mayer，et al. Interval analysis：theory and applications［J］. Journal of Computational and Applied Mathematics，2000，121（1）：421-464.
[152] Moore E R，Lodwick W. Interval analysis and fuzzy set theory［J］. Fuzzy Sets and Systems，2003，135：5-9.
[153] Moore E R，Kearfott R B，Michael J. Cloud. Introduction ot Interval Analysis［M］. Philadelphia：Society for Industrial and Applied Mathematics，2009：7-16.
[154] 张兴芳，管恩瑞，孟广武．区间值模糊综合评判及其应用［J］．系统工程理论与实践，2001，21（12）：81-84.
[155] 叶跃祥．区间数多属性决策的一些问题研究［D］．合肥：中国科学技术大学，2007.
[156] Liu X W. On the maximum entropy parameterized interval approximation of fuzzy numbers［J］. Fuzzy sets and Systems，2006，157：869-878.
[157] 周光超．基于期望—方差的区间数排序方法［J］．系统工程理论与方法，2007，37（1）：1-5.
[158] 赵克勤．集对分析及其初步应用［M］．杭州：浙江科学出版社，2000：8-26.
[159] 赵克勤．基于集对分析的不确定性多属性决策模型与算法［J］．智能系统报，2010，5（1）：41-50.
[160] 王万军．基于集对逻辑的推理［J］．甘肃联合大学学报（自然科学版），2005，19（3）：15-16.
[161] 杨懿，武昌，刘涵，等．基于集对分析的目标威胁评估与排序研究［J］．现代防御技术，2007，35（3）：1-4.
[162] 杨俊杰，周建中，方仍存．基于集对分析的不确定多属性决策方法［J］．控制与决策，2008，23（12）：1423-1426.
[163] 宋湘川．武器装备需求分析集对模型初探［J］．电光与控制，2007，14（3）：41-44.
[164] 杨风暴，王肖霞．D-S证据理论的冲突证据合成方法［M］．北京：国防工业出版社，2010：25-28.
[165] 徐培玲．开放识别框架D-S证据理论合成规则研究［D］．太原：中北大学，2008.
[166] 王肖霞．冲突证据合成规则的研究［D］．太原：中北大学，2007.
[167] 李淑娟．冲突的区间值证据加权平均合成规则研究［D］．西安：长安大学，2010.
[168] 吴英．证据理论在飞机电气系统性能评审中的应用［J］．科技创新导报，2013，15：82-83.
[169] 周正柱．商务成本变动对企业迁移决策影响研究［D］．上海：东华大学，2012.
[170] 张锐．基于多数据融合的电网故障分析系统研究［D］．北京：华北电力大学，2012.
[171] 张琳娟．基于车载传感网的交通异常信息检测与传输关键技术研究［D］．北京：北京交通大学，2013.
[172] 彭金栓．基于视觉特性与车辆相对运动的驾驶人换道意图识别方法［D］．西安：长安大

学，2012.
[173] 万宝吉．基于融合的图像隐写分析技术研究［D］. 洛阳：解放军信息工程大学，2013.
[174] 周芳芳．数据挖掘与数据挖掘理论在目标识别中的应用研究［D］. 南京：东南大学，2004.
[175] 李海生．基于证据理论的分类方法研究［D］. 广州：华南理工大学，2013.
[176] 谢楠，李靖，李建爽，等．基于证据理论的施工中人为过失改错效果的评估方法［C］. 第22届全国结构工程学术会议论文集第Ⅲ册．
[177] 叶跃祥，胡诗国，王磊．一种基于集对分析的区间数多属性决策方法［J］. 系统工程与电子技术，2006，31（9）：1344-1347.
[178] 王坚强，龚岚．基于集对分析的区间概率随机多准则决策方法［J］. 控制与决策，2009，24（12）：1877-1880.
[179] 王传斌，王子友．三参数区间数的联系数在招标评价中的应用［J］. 数学的实践与认识，2010，40（19）：32-36.
[180] 刘秀梅，赵克勤．基于二次联系数的区间数多属性决策方法及应用［J］. 模糊系统与数学，2011，25（5）：115-121.
[181] 万路军，姚佩阳，王冬旭，等．预警机威胁度的区间型不确定多属性决策方法［J］. 电光与控制，2011，18（2）：22-25.
[182] 常玉宝．基于区间数期望和不确定性分析的多属性决策方法与应用［J］. 数学的实践与认识，2012，42（20）：82-87.
[183] 刘健，刘思峰，吴顺祥．基于优势关系的多属性决策对象排序研究［J］. 控制与决策，2012，27（4）：632-635，640.
[184] 刘秀梅，赵克勤．基于联系数的属性权重未知的区间数多属性决策研究［J］. 数学的实践与认识，2013，43（3）：91-93.
[185] 段海滨，张翔银，徐春芳．仿生智能计算［M］. 北京：科学出版社，2011：63-87.
[186] 郭文忠，陈国龙．离散粒子群优化算法及其应用［M］. 北京：清华大学出版社，2012：13-16.
[187] 袁冬根．基于 PSO-SVM 与样本加权的武器装备费用建模与预测［J］. 火力与指挥控制，2011，36（6）：171-175.
[188] Wang B，Wang C L，Liang G Q. D-S algorithm based on particle swarm optimizer［J］. Electronic Measurement and Instruments，2007，8（2）：311-315.
[189] 秦寿康．多人层次单排序下权重向量的算法［J］. 系统工程理论与实践，1998，18（7）：89-93.
[190] 刘效武．基于多源融合的网络安全态势量化感知与评估［D］. 哈尔滨：哈尔滨工程大学：2009.
[191] 顾佼佼，刘卫华，姜文志．基于攻击区和杀伤概率的视距内空战态势评估［J］. 系统工程与电子技术，2015，（6）：1306-1312.
[192] 谢邦荣，杨剑影，尹健，等．导弹单发杀伤概率影响因素分析［J］. 火力与指挥控制，2004，29（2）：60-64.

[193] Hemant R S, Shripad P M. Effect of missile turn rate on aircraft susceptibility to infrared-guided missile [J]. Journal of Aircraft, 2013, 50 (2): 663-666.

[194] 王征，李言俊，雷蕾，等．破片型空空弹杀伤概率三维建模与仿真［J］．系统仿真学报，2009，17：5340-5344.

[195] Karelahti J, Virtanen K, Raivio T. Near-Optimal Missile Avoidance Trajectories via Receding Horizon Control [J]. Journal of Guidance Control and Dynamics. 2007, 30 (5): 1287-1298.

[196] 公茂果，焦李成，杨咚咚，等．进化多目标优化算法研究［J］．软件学报，2009，20（2）：271-289.

[197] 许婧祺．多目标优化算法研究综述［J］．科技信息，2010，10：244-247.

[198] 顾佼佼，赵建军，颜骥，等．基于MODPSO-GSA的协同空战武器目标分配［J］．北京航空航天大学学报，2015，41（2）：252-258.

[199] 王艳辉．基于进化多目标优化的演化聚类及其应用研究［D］．西安：西安电子科技大学，2012.

[200] 汪家旺．分布式电网经济调度模型的研究与应用［D］．北京：中国科学院研究生院，2010.

[201] Coello Coello C A, van Veldhuizen D A, Lamont G B. Evolutionary Algorithms for Solving Multi-Objective Problems [M]. 2nd ed. New York: Springer-Verlag, 2007.

[202] 程刚．基于非支配个体自适应划分策略的进化多目标优化及应用［D］．西安：西安电子科技大学，2010.

[203] 王永．多目标路由问题中的蚁群优化算法研究［D］．长沙：湖南大学，2009.

[204] 朱命昊．量子克隆多目标进化算法研究［D］．西安：西安科技大学，2011.

[205] 张军．基于人工免疫系统的进化多目标优化算法及应用［D］．西安：西安电子科技大学，2012.

[206] Carlos A, Coello Coello, et al. Handling Multiple Objectives with Particle Swarm Optimization [J]. IEEE Transactions on Evolutionary Computation, 2004, 8 (3): 256-279.

[207] Deb K, Pratap A, Agarwal S, et al. A Fast Elitist Multi-objective Genetic Algorithm: NSGA-II [J]. IEEE Transactions on Evolutionary Computation, 2002, 6 (2): 182-197.

[208] 段海滨．蚁群算法原理及其应用［M］．北京：科学出版社，2006：312-317.

[209] Rashedi E, Nezamabadi-pour H, Saryazdi S. GSA: A Gravitational Search Algorithm [J]. Information Sciences, 2009, 179: 2232-2248.

[210] Rashedi E, Nezamabadi-pour H, Saryazdi S. Filter modeling using gravitational search algorithm [J]. Engineering Applications of Artifical Intelligence, 2011, 24 (1): 117-122.

[211] 杨晶，黎放，狄鹏．免疫万有引力搜索算法的研究与仿真［J］．兵工学报，2012，33（12）：1533-1538.

[212] 谷文祥，李向涛，朱磊，等．求解流水线调度问题的万有引力搜索算法［J］．智能系统学报，2010，5（5）：411-418.

[213] 李沛，段海滨．基于改进万有引力搜索算法的无人机航路规划［J］．中国科学：技术科学，

2012，42（10）：1130-1136.
[214] Nobahari H，Nikusokhan M，Siarry P. A multi-objective gravitational search algorithm based on non-dominated sorting [J]. International Journal of Swarm Intelligence Research，2012，3（3）：32-49.
[215] Mirjalili S，Hashim S Z M. A New Hybrid PSOGSA Algorithm for Function Optimization [C]//IEEE International Conference on Computer and Information Application-ICCIA 2010，2010：374-377.
[216] 顾佼佼，周曰建，付鹏飞．基于改进组合拍卖算法的分布式空战攻击决策 [J]. 兵工自动化，2019，38（5）：67-69.
[217] 王宏．组合拍卖的理论与实践：一个文献综述 [J]. 产业经济评论，2009，8（1）：111-146.
[218] 顾佼佼，赵建军，兰天．PSO优化加权信息融合的多机多目标空战决策 [J]. 火力与指挥控制，2014，39（8）：159-162.
[219] 丁全心．多机协同多目标攻击技术研究 [D]. 北京：北京航空航天大学，2007.
[220] Grimm W，Well K H. Modeling air combat as differential game，recent approaches and future requirements in differential games developments in modeling and computation [M]. Berlin：Springer，1991.
[221] 顾佼佼，赵建军，刘卫华．基于博弈论及Memetic算法求解的空战机动决策框架 [J]. 电光与控制，2015，22（1）：20-23.
[222] 兰恩辉．收益为区间数博弈的算法研究 [D]. 成都：西南交通大学，2007.
[223] 郭雷．非合作对策的求解方法及其改进 [D]. 秦皇岛：燕山大学，2007.
[224] Herings P J J，Peeters R J A P. A differentiable homotopy to compute Nash Equilibria of n-person games [J]. Economic Theory，2001，18：159-186.
[225] Chatterjee B. An optimization formulation to compute nash equilibrium in finite games [C]. // Proceeding of International Conference on Methods and Models in Computer Science. India：Local Organizing Committee，2009，1-5.
[226] 瞿勇，张建军，宋业新．多重纳什均衡解的粒子群优化算法 [J]. 运筹与管理，2010，19：52-55.
[227] 余谦，王先甲．基于粒子群优化求解纳什均衡的演化算法 [J]. 武汉理工大学学报（理学版），2006（52）：25-29.
[228] 王志勇，韩旭，许维胜，等．基于改进蚁群算法的纳什均衡求解 [J]. 计算机工程，2010，14：166-168.
[229] 贾文生，向淑文，杨剑锋，等．基于免疫粒子群算法的非合作博弈Nash均衡问题求解[J]. 计算机应用研究，2012，29（1）：28-31.
[230] Pavlidis N G，Parsopoulos K E，Vrahatis M N. Computing nash equilibrium through computational intelligence methods [J]. Journal of Computational and Applied Mathematics，2005（175），113-136.
[231] Parsopoulos K E，Vrahatis M N. On the computation of all global minimizers through particle

swarm optimization [J]. IEEE Transactions on Evolutionary Computation, 2004 (8), 211-224.

[232] 顾佼佼，刘卫华，赵建军，等．基于几何变换的 MAGA 求解多纳什均衡 [J]. 计算机工程与科学，2016，38 (01)：108-113.

[233] 刘进超．进化计算若干问题研究 [D]. 武汉：武汉理工大学，2007.

[234] Mckelvey, Richard D, Mclennan, et al. Gambit: Software Tools for Game Theory, Version 13. 1. 0 [EB/OL]. http: //www. gambit-project. org. 2013-08-05.